名师名校名校长

凝聚名师共识
回应名师关怀
打造名师品牌
培育名师群体

张晓建题字

铢积寸累

——初中语文阅读
教学的探索与实践

黄丽珠 著

西安出版社

图书在版编目（CIP）数据

铢积寸累：初中语文阅读教学的探索与实践 / 黄丽珠著.— 西安：西安出版社，2024.5

ISBN 978-7-5541-7564-4

Ⅰ.①铢… Ⅱ.①黄… Ⅲ.①中学语文课—课堂教学—教学研究—初中 Ⅳ.①G633.302

中国国家版本馆CIP数据核字（2024）第110974号

铢积寸累：初中语文阅读教学的探索与实践
ZHUJI CUNLEI CHUZHONG YUWEN YUEDU JIAOXUE DE TANSUO YU SHIJIAN

出版发行： 西安出版社

社　　址： 西安市曲江新区雁南五路 1868 号影视演艺大厦 11 层

电　　话：（029）85264440

邮政编码： 710061

印　　刷： 北京政采印刷服务有限公司

开　　本： 787mm×1092mm　1 / 16

印　　张： 16

字　　数： 254千字

版　　次： 2024 年 5 月第 1 版

印　　次： 2024 年 6 月第 1 次印刷

书　　号： ISBN 978-7-5541-7564-4

定　　价： 58.00 元

序言

　　三月雨绵绵，南方的春天似乎还没从冬日寒意中别出，有点清冷。上课了，教室里明亮的灯光，老师们绘声绘色的讲解声，孩子们此起彼伏的回答声、沸腾的笑声……无不为教育这本希望之书添加重要章节，一日复一日，铢积寸累。

　　这样的画面，这样的章节，我很熟悉，毕竟虚度职业生涯迄今近二十八载。光阴很薄又很厚，蓦然回首，便是远了又近了的昨天。

　　选择当语文老师，好像是上天注定的。读书时，我就偏科。记忆里，我的那些语文老师们似乎都很喜欢我，因为我语文成绩不错，会写点儿作文。被时光滤过的学生时代的语文课堂里，好像就是读读、抄抄、背背，分段、概括段落大意，或者当堂写作文，伙伴们咬着笔头皱着眉头的神情，等等。当然，那时的我会故作平静、笔直端庄地坐着，期盼被老师提问，期盼老师朗读我的作文，等着小小虚荣心被快乐填满。

　　很庆幸，"长大后我就成了你"，我也当上了语文老师。语文是什么？语文，能给孩子们带来什么？一节好的语文课有哪些标准？素养时代的语文教学依旧要坚守哪些理念？……应该说，从初入教师队伍的照本宣科、唯纲是举，到结合学情选择适当的教学内容，再到依据课标、结合学情等选择较为合宜的教学内容，我，也在思考，在改进，在调整。我读书"追星"，读陈日亮老师、刘菊春老师、余映潮老师、王君老师、黄厚江老师、肖培东老师等名师专家的书籍、文章，学习经典课例，揣摩教育箴言；我参加教学技能比赛，从说课到片段教学、原创试题、微课等，有获过一点儿荣誉，也有遭遇滑铁卢般的失落，在自己未知领域中不断挑战，促进自己的教学成长；在多次选手与评委角色间切换，在被培训与培训角色中切换，不断学习与反思。

四年前，犹幸入"省学科带头人"之列，从此以后便遇见德高望重、学识渊博的导师，遇见了专业上的同伴佼佼者。一度，我很自卑，论读过的各类书籍，论写过的教学论文，论谈吐学识，都无法与他们相提并论。毕业时，导师引用李白的诗句"却顾所来径，苍苍横翠微"来勉励大家。所来径？横翠微？在时间的无涯的荒野里，在教学的有涯的草原上，我，何尝不是队伍中的一员？何尝没有付出一点点的努力？那些主持过的课题、写过的论文、执教过的公开课，还有开设过的讲座……尽管平平无奇，但那也是一种经历，一种历练，从"曾经在幽幽暗暗反反复复中追问"到"才知道平平淡淡从从容容才是真"，都是一线教师走过的真实之路。

近年来我决意出书，出一本有关初中阅读教学的书。全书一共有五章。第一章收录的是我近三年主持过的两个课题，第二章收录了十篇教学论文，第三章收录了六篇原创教学设计，第四章是参赛过的四节微课稿，第五章是两份承担过的讲座稿。内容的质量与高低等待读者们的审判。无论如何，书稿源自一个平凡语文人对教育的热爱。

肖培东老师说："语文的灵魂，需要我们用一辈子的热爱、浇灌和凝视去维系"。唯热爱，允许批评与建议，方可长久、绵远。

整理完书稿，已是惊蛰过后。小区里那些早就在萧索寒冬里卸妆的大树，不知什么时候，将一点两点的新绿悄然闪现在枝头，不日，定是大块、大片、一树了。还有那些能开花的，必然迎来千姿百态、珠光宝气。

黄丽珠

2024年3月

于莆田荔城家中

目录

第一章 初中语文阅读教学课题研究

第二章 初中语文阅读教学策略探索

第三章 初中语文阅读教学案例设计

第一章

初中语文阅读教学课题研究

初中语文"1+X"群文阅读教学实践研究

一、课题研究的背景和意义

阅读是运用语言文字获取信息、认识世界、发展思维、获得审美体验的重要途径。阅读教学是学生、教师、教科书编者、文本之间对话的过程。要重视培养学生广泛的阅读兴趣，使学生扩大阅读面，增加阅读量，提高阅读品位。初中语文教学属于九年义务教育的第四学段，它必须面向全体学生，使学生获得基本的语文素养。语文阅读教学是提高学生语文素养的重要途径，可以说学生如果掌握了阅读，就得到了语文的半壁江山。和群文阅读相比，传统阅读教学固然在文本精读、阅读思维深度等方面占有优势，但不可避免存在一些弊端，如阅读思维的广度不足，对文本停留在感性认知，等等。群文阅读不仅能提高学生阅读效率，引导学生学会新的阅读方式，提高阅读兴趣，也可增加学生阅读量，开阔学生视野，提高学生阅读品位。

部编版语文教材根据课堂教学实际，入选文章有限，选文存在一定的单一性，无法满足学生个性化与多样化的阅读需求，而"1+X"的群文阅读可以立足于语文教材，但又不局限于教材，以教材为"1"，依据教材进行课外"X"拓展阅读，从而基本满足学生的阅读需求，提升学生阅读素养。故"1+X"群文阅读教学是实现群文阅读的重要途径，其价值在于可以连接课内外阅读，提高学生的阅读量，且组合方式灵活，便于教师进修阅读教学实践。

近两年课题负责人有断续进行群文阅读课型实验（举行过市级公开课，校内常规课），听课教师反映良好，学生的阅读兴致提高。课题负责人写过有关群文阅读教学论文《简约性：初中古诗词群文阅读教学的关键——有关课外古诗〈夜雨寄北〉和〈十一月四日风雨大作〉整合教学思考》（区级二等奖）等篇。

二、课题研究理论依据

群文阅读教学理念最早由台湾的赵镜中提出，他认为随着统整课程的概念推广，学生阅读量不断增加，教师不再满意于单篇教学课文，开始尝试群文阅读教学，"结合教材以及课外读物，针对相同的议题，进行多文本的阅读教学"。大陆较早进行群文阅读教学实践的蒋军晶是这样定义"群文"的："就是在教学现场，较短的单位时间内，要呈现多篇文章，多到四五篇，甚至七八篇"，这是对"群文"在文本数量上的要求。何为群文阅读教学呢？作为近年来研究的热点之一，专家学者们的概念表述迥异，本课题组比较推崇的是倪文锦教授所言"群文阅读教学，即教师在一个单位时间内指导学生阅读相关联的多个文本，通过梳理整合、拓展联系、比较异同等，促使学生在多文本阅读过程中关注其语言特点、意义建构、结构特征以及写作方法等，从而使阅读由原来的读懂'一篇'走向读通'一类'。"

"1+X"教学方式中的"1"指的是核心，指向聚合思维；"X"指的是边缘，指向发散思维。在语文教育教学中关于"1+X"的提法，有2013年清华大学附属小学校长窦桂梅及其团队提出的"1+X课程"体系。窦桂梅及其团队提出的"1+X"主要是针对课程结构而言的，而本课题的"1+X"主要针对的是阅读教学。

最早把"1+X"理念运用到阅读教学领域的是温儒敏先生，他建议教师在使用部编版语文教材进行阅读教学时应采取"1+X"的方式，即讲解一篇课内文章，附加若干篇课外阅读的文章。

三、课题研究价值

（一）研究目标

（1）改变教师对群文阅读的观望态度，使其积极实践群文阅读教学。

（2）从不同维度确定适合开展"1+X"群文阅读的文本，实现单篇、群文之间的勾连、平衡。

（3）进行群文阅读教学课堂观察，研究对应策略。

（二）研究意义

1. 重新审视与探讨群文阅读教学深度与广度

课题组经过前期调查发现，身边开展群文阅读教学的同仁寥若晨星，无论是城区学校还是乡镇学校。大部分语文教师对"群文阅读教学"持观望态度，理由有：①客观环境无群文阅读教学的氛围。学校从备课组到教研组，没有团队开展实证研究，开发课程资源，加上各校生源参差，开展群文阅读有孤掌难鸣之感。②主观因素上，多数教师觉得传统单篇阅读教学可以省事，就一文挖掘下去，一样能使学生获得阅读收获，加上群文阅读缺少经典教学设计、教参、注意规范、阅读评价等。对引导教师在理论学习的基础上走向语文课堂，使其以课堂教学为主阵地审视、比较传统阅读教学与群文阅读教学，从而自觉地探讨群文阅读教学的深度与广度，在实践中，摸索并形成群文阅读教学的方法、策略、评价等。

2. 正确寻找与处理单篇、群文的平衡点

单篇阅读是基础，其文本来源于教材，在精读方面有优势；建立在"1+X"上的群文阅读是对单篇阅读的补充与提高，它是对课内教材的延伸与拓展，对于扩充学生的阅读量，对于发展学生的阅读能力和思维能力起到一定的促进作用；整本书阅读是对单篇与群文的深入，群文阅读的文本可以来源于整本书，通过对整本书中的某一篇章或某一部分的阅读，激发学生阅读整本书的欲望，可以进一步推动整本书阅读。而如何处理好单篇、群文和整本书阅读之间的平衡点，是值得探索与实践的。比如，哪篇"1"适合"1+X"群文阅读；什么时间适合安排群文阅读；如何寻找单篇、群文和整本书之间的平衡点，使阅读教学能够走向系统化，具有一定的连贯性和可操作性；等等。

3. 注重选文优化，力争提速、提量又提质

《义务教育语文课程标准（2011年版）》要求初中阶段学生"广泛阅读

各种类型读物，课外阅读总量不少于260万字"，但实际情况不容乐观，学生课外阅读量远远不够，采用群文阅读教学，在数量上较单篇有了很大的增加，但如何保证提量的同时既能提速，又能提质，让更多的学生尝到群文阅读的"甜头"，文本的选择是源头，是关键，问题的设计、学生的反应、教学策略的选择、教师的反思、问题的改进等，都是开展群文阅读教学要考虑的因素。

4. 反思教师角色以及师生之间关系

在群文阅读教学中，教师角色与传统阅读教学是相同的，都是学生阅读的引导者、推动者、反思者，但相比之下，教师在群文阅读中任务更重，对教师的经验阅历、知识水平、情感态度、阅读广度、思维深度等都有要求，教师要充分进行预设与生成，通过师生之间通力合作进行集体建构，不断碰撞思维火花，求同存异，从而实现教学相长的理想效果。

5. 拓展阅读教学内容

优秀的阅读文本能够有效发散学生思维并提升学生创造能力，并且优秀的阅读文本字里行间蕴含着积极向上的人生态度与价值观念。传统的单篇教学固然也能提升学生能力，但内容单薄，在中学语文教学中开展"1+X"群文阅读活动，能够让学生接触教材之外的文学世界，拓展知识容量、思想深度等，从而对优秀文学作品产生情感共鸣，在多元化的阅读体验中丰富想象，开阔文学视野，等等。

6. 推动语文教学模式的创新

在社会深刻变革的当下，改革语文课堂教学模式的呼声越来越强，"1+X"群文阅读客观上带动了教学模式的创新。随着"1+X"群文阅读融入语文教学，教师都有一个共同的感受，那就是不仅学生的知识面变宽，预判问题的能力明显增强，而且课堂教学也发生了变化，比如"团队教学"模式、"1+X"教学模式、"课堂+图书馆"学习模式相继出现。需要指明的是，"1+X"群文阅读理论充分肯定课堂教学的地位和作用，只是在课堂教学的基础上谋求创新。

四、研究内容

（一）本课题的研究内容

（1）探讨构建初中语文"1+X"群文阅读课程。

（2）确定初中语文"1+X"群文阅读课程形式。

（3）充实初中语文"1+X"群文阅读课程内容。

（4）构建初中语文"1+X"群文阅读课程应用措施。

（二）重点内容

（1）从教学流程、问题设置、学生反应、学情学段特点等方面探讨"1+X"群文阅读的课程形式。

（2）通过课堂观察、听评课、教学反思等，及时准确地发现教学中存在的问题，进一步改进和完善群文阅读教学。

（3）围绕"1+X"群文阅读课程内容，补充完善实施应用措施，构建课程应用措施，包括教学设计、PPT、评价、读写共生等。

五、研究方法

（一）前期实践法

课题负责人近两年已经执教过"问君能有几多愁"（区级观摩课）、"雨中情义知多少"（市级观摩课）、"贬谪类诗歌整合"、"写景状物类散文"、"写事类写作奥妙"等课，承担过区级、省级教学讲座，对群文阅读教学有了粗浅认识与实践，这对于课题的实践与开展有一定的帮助。

（二）问卷调查法

实施前调查学生对单篇阅读和群文阅读的理解情况，了解学生的阅读需求，以及寻找阅读能力较低的方方面面原因；课题总结即后期阶段调查学生对群文阅读开展之后的变化，为接下来课题推广做好准备。

（三）文献研究法

课题组订阅《初中语文教与学》《中学语文教学参考》等语文教学前沿杂志，结合专家书籍、网络等，广泛阅读相关群文阅读教学资料，特别是国内语文教学权威的案例、思想等，借鉴其中可行性较高的经验，用来指导本课题的开展。

（四）经验总结法

通过课堂观察，检验教学设计、问题设置等的合理性，根据课堂实施情况和课堂生成情况不断总结经验。并在相互不定时听评课中不断改进、完善。

（五）行动研究法

课题设计者结合教材、教学实践和学生特点设计的群文阅读，在课上实践，以及课下听取学生意见等，不断调整、完善计划。

六、课题实施

第一阶段：课题准备阶段（2021年5月1日—2021年6月30日）

（1）首先，成立课题筹备小组，明确课题主题研究方向，组织学习有关群文阅读理论、书籍、课例等，如蒋军晶的《语文课上更重要的事——关于单篇到"群文"的新思考》，倪文锦的《语文核心素养中的群文阅读》，荣维东、王海芳的《互文参照：寻找群文的意义和价值坐标》，等等。其次，结合以往教学经历就本课题研究内容，展开探究，在审视印证反思中形成群文阅读心得三篇共2762字，助推本课题的稳步实施与开展。

（2）展开问卷调查，确定课题主题研究重点，形成研究方案。

6月份课题组成员就自己所在学校任教班级共236位学生展开群文阅读问卷调查。调查项目涉及群文阅读的含义、对群文阅读的了解程度、群文阅读教学开展情况、群文阅读教学形式、群文阅读的吸引力等，以100%回收率充分掌握了实验学生对群文阅读的了解情况与兴趣期待，形成1984字的《群文阅读教学调查报告》，拟定了"初中语文'1+X'群文阅读教学实践研究"课题实施方案，初步形成了课题研究的目标、内容及重点、研究的对象、过程与方法、研究措施和预期成果。

（3）举行开题会议，邀请专家听取，再次明确课题研究计划、研究策略、各自分工等。

开题会上，课题负责人宣读了课题立项文件，阐述了课题研究的意义、目标、内容、方法、步骤、预期成果等，并分析了课题研究的可行性和必要性，对课题组成员进行了今后工作的分工。课题组成员逐个发言，交流了各自近期阅读课题相关材料的心得体会，提出了各自的见解以及疑惑。最后由评议专家作指导性发言。他们肯定了课题选题具有研究价值，认为课题的主导思想及其研究内容具有一定的前瞻性及推广意义；认为课题成员结构合理，课题研究目标明确，课题研究内容具体；等等。他们也指出了一些需要后续修正的问题，如课题组成员少，应该分工或不分工，且进度要紧密不拖沓，对研究范围、研究对象做更清晰的界定，加强研究内容和研究目标的关联度，并适当进行细化和具体化，等等。

第二阶段：课题实施阶段（2021年7月1日—2023年2月28日）

（1）分工合作，利用暑假研读教材，形成新学年群文阅读计划。

根据课题组三个实验教师的任教年级进行分工合作，明确课题研究实践内容和重点；利用暑假充裕的时间提前研读教材；利用课题组组建的微信群展开选文议题讨论，并商定选文内容、篇目及议题，形成新学年群文阅读计划。

（2）通过会议碰头和微信群，加强课题组成员间的研讨交流。

课题负责人对群文阅读教学涉足比较早，已有近两年的教学尝试。课题组成员任教学校在乡镇，对群文阅读了解甚少，所以对于群文阅读教学的研究重点把握不准。一学期一次的会议碰头不能及时解决课题组成员的困惑，而课题负责人线上微信的即时交流，及时解疑去惑和传帮带，使成员对议题的选择、甄选文本、文本组合方式有了更深的认识。负责人经常敦促大家学习，认为如果不通过广泛阅读增强教师自身的阅读力度，那么在文本的选择上就会陷入狭隘的、浅层的泥淖。这些都在一定程度上保障了课题研究的有效开展。

（3）着手群文阅读教学设计和教学课件配备。

组长统一群文阅读设计模板，布置教学设计完成任务（每单元1个）。要求教学设计、课外群文阅读文本和教学课件要同步配备齐全，且在规定时间内完成。经过一学年的努力，课题组成员每人初步完成12个群文教学设计和配套教学课件，保证课题有序推进。第二学年进行修改、完善，增加一些教学实录，增添了群文阅读内容。大部分过程性材料都上传网站，且点击率相当高，对其他课题的开展起一定借鉴作用。

（4）关注学生群文阅读情况，调整群文阅读教学策略。

课题组成员将课前设计的群文教学教案，通过日常课堂教学实践，观察学生课堂反映和文本阅读速度，收集比对学生写作水平、课后作业完成情况等，掌握学生群文阅读的情况，适当改变群文教学文本组合方式、教学环节和读写共生等内容。并及时进行教学反思，写群文教学课例类型和案例，调整群文阅读教学策略。

（5）推行听评课制度，加强监督，促进学习。

按照各学校学期排课计划，要求课题组成员必须听课，并做好教学实录，听完后根据课前分工的课堂观察维度表进行评课。课题组计划每学期每位教师至少开2节群文阅读常态课，邀请本校教师和课题组成员前往听课，由于疫情管控等原因，原定计划未能完全实施，不过，课题组成员积极参加区市级公开课，进一步推动课题阶段性进展，收获听课教师如潮好评。

（6）重视活动影响，扩大群文阅读教学影响。

课题负责人在自己名师工作室举行群文教学观摩，利用讲座、观摩课等形式呼吁同行适应时代培养学生核心素养要求，加强群文阅读教学。课题组成员利用区里"挂教帮扶，送教下乡"机会做关于群文的公开课也深受好评。课题组成员坚持在本校教研组每学年开展一次关于群文教学专题讲座，带动学校教师开始学习并尝试群文阅读教学。

利用各自学校每学期年举行学生演讲比赛、现场作文竞赛、名著阅读比赛和读书交流会等，鼓励学生积极参加各级各类比赛，借以检验群文阅读学习成效，成绩斐然。

（7）调整计划，形成反思。

原定计划"寻找与处理单篇、群文和整本书之间的平衡点"，调整为"重点寻找单篇与群文之间的平衡点"，主要是各个课题学校对课外阅读时间的保障认识上存在差异，学生课外阅读时间受到限制，群文与整本书之间的平衡点难以把握。立足课堂教学，以教材为重点，可以打通单篇与群文之间的通道，实现有效教学。在议题选择上，以教材为依托，以单元为重点，在议题的选择上创造性展开。比如，八上第三单元是景物描写单元，可以细化为写山、写水、写花、写雨等等，构建读写一体的阅读思路，并开发群文阅读教学的策略方式，如重视思维导图在课题实施中的作用。

（8）注重阶段性成果的归纳。

在课题负责人带动下，课题组取得了一些阶段性成果，大致有：完成初中语文群文阅读教学设计初稿，参加了多种形式群文阅读教学公开课或讲座以及教学技能赛，撰写多篇教学论文或者课例，成绩斐然。成员们或经验介绍，或教训总结，以课题开展促进教学，实验班级学生成绩明显高于没有开展课题实验的班级成绩。具体情况在中期报告中已有体现。

第三阶段：课题总结阶段（2023年3月1日—2023年5月1日）

（1）整理、分析过程性资料，进行分类、总结。

课题组成员以个人为单位整理课题过程性材料，如学生群文调查报告、学生优秀作业、成绩对比、比赛获奖、会议记录、教学设计、教学案例、听课记录、课堂实录、公开课、讲座、主题发言稿、教学论文等。分类形成学生成长资料、教师个人成长资料和群文教学资源，并打包总结，部分材料上传网站。

（2）举行结题会议，邀请专家对课题进行补充意见，完成结题报告。

课题组成员完成课题研究成果汇总与研究报告撰写工作。3月28日上午召开结题会议，会议邀请两位专家，他们认真听取了报告，检查相关过程性材料，肯定了课题开展后取得的成绩，认为课题有一定的推广借鉴意义，建议可以结合新课标，具体完善相关群文教学课例。课题组成员认真听取专家意见，完成结题报告，构建结题论文内容框架。

（3）撰写课题结题论文。

课题组成员就这两年的实践研究结果，每人至少完成了1篇具有一定参考价值的关于"1+X"群文阅读教学的专题论文，于课题结题前在校级、区市级以上教育刊物发表。

七、研究成果

经过两年的学习、研究、探索、实践，课题组取得了丰硕成果。

（一）学生方面

从课堂观察上，学生对群文阅读教学模式熟悉，热情度高，适应了单位时间内的多篇阅读，也形成了有阅读必有思考、有结论的阅读模式。随着阅读速度的提高和阅读量的增加，以及群文教学中读写共生的学习，学生不再畏惧表达，课外阅读、写作兴趣渐趋浓烈，形成"勤读、善思、能言、乐写"的良好语文学习循环态势，学生整体素养得到很好的提高。

从学业测试情况看，课题实验班学生在参加各级各类质量检测、作文比赛、演讲朗诵比赛等活动中，普遍取得了较好成绩，学习语文的热情高涨。

（二）教师方面

课题组全体成员通过课题研究，认真钻研教材，研读课例，研究学情，彼此督促，专业技能和理论水平有了很大提高。课题组成员积极撰写教学论文、教学案例、教学实录等，其中多篇发表在核心学术刊物上；参加微课、原创试题、作业设计等比赛，均获得极高的名次；开设讲座、公开课等，深受专家及同行好评；各自教学成绩突出，担任重点班教学，在校级、区级、中考中，无论是平均分，还是及格率、优良率，明显高于非实验班的教学成绩。

课题组全体成员还带动本校青年教师，以结对子形式，指导青年教师参加公开课、微课等比赛，取得了一些荣誉。他们根据任教年级及其教材，一起参与原创设计群文阅读案例，形成初中语文群文阅读教学设计集三册，有一定推广价值。

八、反思总结

（一）总结

著名教授朱永新说："一个人的精神发育史就是他的阅读史，一个民族的精神境界取决于这个民族的阅读水平。阅读对于个人乃至民族发展有着重要意义。群文阅读作为一种富于创新性的阅读教学模式，为语文阅读教学开辟了一片独特的新天地。通过两年课题研究和实践，我们做出了以下成果：

（1）以初中语文"1+X"群文阅读教学为窗口，立足学情，立足课堂教学，以教材为重点，打通了单篇与群文之间的通道，为语文阅读教学提供了有效且可行的思路。

（2）在提高学生阅读兴趣和阅读质量之余，使学生阅读能力、思维拓展能力等方面得到了很好的提升。

（3）丰富了本校及实验成员学校语文阅读教学形式，改善语文阅读教学氛围，在语文组里激起群文阅读探讨热潮。

（二）反思

（1）课题实践在议题选择、教学策略、评价设计上有待形成体系。对议题的选择要立足核心素养，既要注重学生能力的养成，更要考虑到正确价值观、必备品格的导向，还要注意与"主题教学"的区别，不混淆两者，使学生思维得到最大限度的刺激，文本探究力不断得到增强。

（2）课题还需要进一步扩充搭建群文学习阅读学习支架。由于议题的可议性、开放性、多元性等特点，以及文本之间的多元关联，课题组以表格形式作为群文阅读学习的支架，用"列"表示被比较对象，"行"表示需要比较的关键项目，帮助学生研读梳理、比读辨异、联读求同。但对思维导图的引用并不常见，可以进一步开发完善。

（3）课题还需要深入学习新课标，结合22版新课标，将"整本书阅读""大单元主题""项目化学习任务""真实情境写作"等关键词融入到课题实践中去。在教学内容组织与呈现方式上要注重情境性和实践性和学习任务群的形式，课例类型还应不断完善，可以读写结合课例、活动课例等作为补充；对学生的成长评价要综合运用多种评价方式，在作业设计与评价上，进一步深入思考与实践。

九、今后研究方向

（1）课题组成员少，能力有限，需要更多人加入一起研究，特别重视平衡老中青成员的年龄结构，便于更好地发挥其各自优势，把群文阅读教学形式作为一个重要载体运用到日常教学中去。

（2）试卷命制探讨。近两年中考语文命题中已出现群文（诗）阅读题目了，这为课题的进一步开展提供了更多的议题。

（3）今后课堂教学将在"项目化学习任务"中选好群文，并将在"整本书阅读"中处理好拓展与集中的关系，以及作业设计与评价上也将探索更合理的方案。

［本课题"初中语文'1+X'群文阅读教学实践研究"，系莆田市教育科学"十四五"规划2021年度研究课题（编号：PTKYKT21106）］

基于立德树人的初中文言文教学案例研究

党的十八大首次提出把"立德树人"作为我国教育的根本任务，党的十九大也要求落实"立德树人"根本任务，2018年习近平在全国教育大会上再次强调把"立德树人"融入到思想道德教育、文化知识教育、社会实践教育各环节。从当前的文言文模块立德树人实施的基本情况来看，还存在很多突出的问题，如忽视良好环境氛围的营造、学生的德育体验不够深刻、课堂渗透效益低下、忽视评价督促等，使得立德树人任务的落实打了折扣，需要每一名初中语文教师积极地立足当前文言文模块教学中立德树人的实施现状，探索进一步强化立德树人实施的方法和策略，以更好地提升德育教育的质量和效益，服务每个学生的不断发展和提高。

一、摘要

本课题实验以初中学生为对象，采取调查问卷法、文献资料法、经验总结法、行动研究法等开展了研究。

（1）对实验学校的初中文言文阅读教学现状进行调查研究，分析初中文言文阅读教学现状。

（2）挖掘教材内外"立德树人"点，寻找文言文阅读工具性与人文性的平衡点，打破传统课型单一的藩篱，探讨群文阅读课、表演课、角色体验课、朗读脚本课、朗诵课、项目式学习、读写结合等的课型设计，争取让课型设计朝多样化发展。

（3）研究基于立德树人的初中文言文教学案例，收集个案和教学反思等。

（4）研究基于立德树人的初中文言文教学的评价机制。

（5）通过对文言文的深入研究探讨，树立"天下兴亡，匹夫有责"的人生观和价值观，实现民族文化和道德的传承。

二、主体部分

（一）研究问题

1. 研究目的

（1）转变教师对文言文阅读教学的认识，使其不走入"死于章句"与"废于清议"两个极端，走出文言阅读教学低效、无趣的泥淖，坚持将"立德树人"思想贯穿教学，精心编写教学设计，实现文字、文章、文学、文化的统一。

（2）深入研究文本，读懂、读通、读透教材，寻找课外文言阅读资源进行助力，从单篇走向多篇，提高学生从一篇到另外一篇、另外一组的文言文学习能力，在课型多样化上做足、做实。

（3）以课堂为主阵地，研究文言文课堂出现的问题，用扎实的理论进行分析、反思，形成较高水平的教学案例。

（4）激发学生文言文阅读兴趣。让学生在理解、感悟中提升文言文阅读能力；在多种活动与评价中增强文言文阅读信心，保持文言文学习热情。

2. 研究意义

立德树人视域下的初中文言文阅读教学案例探究，针对师生双方对文言文的认识误区以及当前文言文阅读教学存在的问题，精心撰写可以用作反思、参赛、培训、研讨的教学案例，展现个人教学艺术的教学案例。

（1）改变教师对文言文阅读教学的认识。不走入为考试内容而设计教学的功利化旋涡，不走入离开文本内容教学的浮夸河流，不过分依赖于网络上纷飞的教学设计。并促使教师读懂教材资源，读懂编写意图。

（2）坚持将"立德树人"贯穿文言文教学课堂。打破基本不变的文言文教学结构模式，力求工具性与人文性的统一，达到文字、文章、文学、文化的统一，用开放、灵活的思维引领文言文教学设计的创新。

（3）奠定扎实的教学理论基础。研读新课标，研读有关文言文阅读教学相关的理论书籍、论文、案例等，对日常文言文阅读教学进行梳理，用理论来指导问题分析。

（4）提高学生学习文言文的兴致。根据学生学习需要，采用多种教学策略，循序渐进，不断提高学生文言文阅读量和阅读难度，不断提升学生的文言文阅读思维、能力等，使学生体验文言文阅读带来的成就与兴致。

3. 研究假设

本课题实验方案假设如下：

（1）挖掘教材内外"立德树人"点，寻找文言文阅读工具性与人文性的平衡点。教学设计体现"言""文"和谐共生，既能夯实基础，落实好文言词句中的"语言"；又能引导学生分析思想内涵与文化价值，讲究灵动、深度与厚度。

（2）研读现行部编教材文言文编排体系，从文体角度对文言文进行分类。部编教材以单元主题为抓手，在内容、篇幅上讲究循序渐进的原则，七年级安排在每单元最后一课，八、九年级集中安排在第三单元和第六单元，八、九年级的教材过于集中的编排不利于学生的学习，应从文体角度对现有教材进行分类，甄选补充课外文言文材料，使学生树立初中阶段文言文整体阅读观。

（3）提高学生文言文学习能力。从单篇走向多篇，提高从一篇到另外一篇、另外一组的学习迁移能力，提高学生对同一主题、同一文体的举一反三能力。

（4）基于立德树人的课型设计多样化。打破传统课型单一的藩篱，探讨群文阅读课、表演课、角色体验课、朗读脚本课、朗诵课、项目式学习、读写结合等课型设计，使课型设计朝多样化发展。

（5）正视文言教学的特殊性，提高学生学习文言文的兴趣，带领学生走出应试教育的迷雾，让学生爱上文言文阅读课，爱上文言经典作品。

同时，还设定研究重点为：

（1）基于立德树人的课型设计。

（2）甄选确定课外文言文助读文本。

（3）制定文言文阅读水平考查评价形式及评价机制。

4. 核心概念

（1）立德树人：党的十八大首次提出把"立德树人"作为我国教育的根本任务，党的十九大也要求落实"立德树人"根本任务，2018年习近平总书记在全国教育大会上再次强调把"立德树人"融入到思想道德教育、文化知识教育、社会实践教育各环节。"立德树人"分为立德和树人两个部分，立德是基础，是首要任务，关系到人才培养的总方向；树人是目的，是核心，它指向在思想水平、政治觉悟、道德品质、文化素养等方面得到提高，与立德是互相影响、互相促进的。教育是塑造人的灵魂的伟大事业，教书、育人两大任务融入语文具体学科教学就是巧借经典教材，利用课堂教学这一主阵地，强化优秀传统文化内容，推进中华优秀传统文化教育，将"德"渗入到课堂，在提升学生语文素养和学习能力的同时，端正学生品行，健全健康学生人格，使学生成为有用人才。我们在教学中要重视情感、态度、价值观的正确导向，培养学生树立正确的思想观念、科学的思维方式、高尚的道德情操、健康的审美情趣和积极的人生态度，这与立德树人的要求是相一致的。

（2）文言文阅读：阅读既是一种活动，也是一种过程。阅读者通过语言文字（视觉材料）来获取相关知识信息，从而认识客观世界，并在阅读中培养和提升理解、感悟、鉴赏、评价等思维能力。阅读使人进步，使无知变有知，使个体的生命更加丰盈。文言文蕴含着无穷文化底蕴，学习文言文有利于传承传统文化，提升学生语文素养和学习能力。特别是省考背景下，相对于文学作品阅读、社科文阅读，以及非连文本阅读，文言文阅读考查除了文言字词理解、文章内容概括能力外，还考查思想意图、写法等欣赏能力，这对师生双方来说都是极大的挑战。

（3）教学案例：是一种写作形式，是对教学过程的一种回顾，回顾发生过的存在一定问题或者有闪光点及出彩处的有典型意义事件。它强调运用归纳思维，通过描述过程，反思、观照课堂中出现的预设与生成，并运用一定的教学理论，对案例进行分析研究。形成后的教学案例可以用来交流和研讨，可以成为教师自我教学经验的梳理总结，也可以成为教研活动和教师培训的有效载体。

（二）研究背景和文献综述

教材中的文言文都是历经漫长时光千淘万漉之后的经典之作，文言文学习是濡染学生精神、提升学生文化品位的重要途径。文言文阅读教学设计的质量，直接影响着课堂教学的质量，但是目前文言文阅读教学还是存在两个极端：一是"死于章句"，也就是在文言字、词、句、语法章法等方面使劲；二是"废于清议"，即过分强调文化、文学、文采，过分关注情感、态度、价值观。反映在教学设计上，对应的问题是教学目标单一模式化严重，几乎停留在诸如"能借助注释和工具书理解文言字、词、句，积累一些文言词汇"上，教学内容的呈现也无非是文言文字词句的理解和合作探究的几个问题，如"能用自己的话复述文章的基本内容，理解作者的写作意图或者情感、态度"等。研读国内教学名家课例设计，如黄厚江老师执教的《黔之驴》，王君老师执教的《狼》《陋室铭》《爱莲说》（整合阅读），《唐雎不辱使命》《出师表》《岳阳楼记》等，肖培东执教的《周亚夫军细柳》，等等，他们的课例无不体现"立德树人"，课型灵动活泼，教学内容精致，学生在课堂上不仅学到文言知识，还汲取精髓，培养了各种能力，体现了教学设计在文字、文章、文学、文化上的统一，但是这些名家中鲜有专著对文言文阅读教学设计进行详细编排，如《这样教语文——余映潮创新教学设计40篇》中有18篇教学设计，但是板块模式过于呆板且有因单篇教学而教学的局限；《青春课堂——王君与语文教学情境创设艺术》有4篇教学实录，但缺乏作业设计。在一些专家的论文中对"立德树人"渗透于阅读教学中的阐述也鲜见，如倪文锦《阅读要聚焦思维》《群文阅读中的思维策略》等文中，只是强调阅读要培养学生的思维能力，提升学生的思维品质。从中国知网检索的结果发现，对初中文言文教学现状、教学内容、教学策略的研究居多，对文言文阅读整体教学设计的思考较少，特别是立德树人视域下的整体教学设计更是几乎没有。

温儒敏教授在《坚持立德树人，立足核心素养——用好统编本语文教材的两个前提》一文中强调使用统编教材时要"整体渗透，润物无声"，要贯穿始终。

（三）研究程序

1. 研究设计

课题研究的总体研究框架如下图。

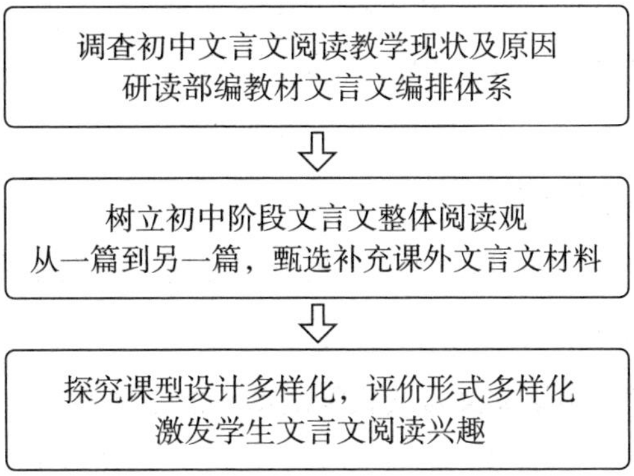

```
┌─────────────────────────────────────┐
│  调查初中文言文阅读教学现状及原因      │
│  研读部编教材文言文编排体系           │
└─────────────────────────────────────┘
                  ⇩
┌─────────────────────────────────────┐
│  树立初中阶段文言文整体阅读观          │
│  从一篇到另一篇，甄选补充课外文言文材料 │
└─────────────────────────────────────┘
                  ⇩
┌─────────────────────────────────────┐
│  探究课型设计多样化，评价形式多样化    │
│  激发学生文言文阅读兴趣               │
└─────────────────────────────────────┘
```

图1

2. 研究对象

课题组成员所在学校初中学生。

3. 研究方法

（1）调查问卷法：通过针对教师、学生的两份调查问卷，了解师生双方对文言文的认识与误区。

（2）文献资料法：利用书籍、期刊、网络等广泛阅读相关文言文阅读教学设计资料，特别是国内语文教学权威的案例、思想等，借鉴其中可行性较高的经验，用来指导本课题的开展。

（3）经验总结法：通过课堂观察，检验教学设计、问题设置等的合理性，根据课堂实施情况和课堂生成情况不断总结经验。在相互听评课中不断进行改进、完善。

（4）行动研究法：设计者结合教材、教学实践和学生特点设计的文言文阅读教学设计，在课上实践，以及课下听取教师、学生意见等，撰写教学案例，不断调整、完善计划。

4. 技术路线

研究通过课堂观察和初步调查，发现了初中文言文教学中德育渗透路径存在的问题，明确了研究对象。在大量的文献研究的基础之上，梳理出有关文言文教学中立德树人的相关概念和理论基础，通过设计调查问卷对教师进行调查，结合访谈和课堂观察发现文言文教学中立德树人渗透路径的问题，并对其进行分析，找出成因。在上述研究的基础之上，在相关教育理念的指导下，提出改进策略，提供合理恰当的立德树人渗透路径，推动教师德育渗透能力的提高，提升教师素养，提高学生道德水平。

（四）研究发现或结论

经过两年的研究，本课题组对"基于立德树人的初中文言文教学案例研究"形成了一系列基本观点，具体如下。

1. 立德树人在初中语文文言文教学活动中的必要性

培养德智体美劳全面发展的社会主义建设者和接班人，要全面贯彻党的教育方针，落实立德树人根本任务，发展素质教育，学习新思想，接受新理念，培养学生树立理想信念。落实立德树人这一根本任务，要求关注到广大青少年学生。青少年阶段是人发展的重要阶段，也是人世界观、人生观、价值观形成的关键时期。初中阶段的学生就处在这一年龄段，因此，初中学生在成长的过程中不仅要学习知识，更要形成正确的情感态度和价值观。中学生的教育要注重把握知识教学和品德发展之间的关系，要符合掌握知识和思想品德发展相统一的规律。在这一时期贯彻落实立德树人根本任务，有助于帮助青少年坚定理想信念、塑造道德品质、涵养法治素养。落实立德树人根本任务对学生的学科教育也有重要的影响，尤其是在育人功能较强的语文学科方面，要求教师在教学中渗透德育。教师在教学内涵丰富的文言文时，既要教授文言文基本常识、基本知识，还要通过文言文的教学进行德育渗透，提高学生在思想、政治、理想、道德等方面的素养。

2001年颁布的《义务教育课程设置实验方案》和2011年颁布的义务教育各课程标准，坚持了正确的改革方向，体现了先进的教育理念，为基础教育质量提高作出了积极贡献。随着义务教育的全面普及，教育需求从"有学上"转向"上好学",必须进一步明确"培养什么人、怎样培养人、为谁培养人",优化学校育人蓝图。当今世界科技进步日新月异,网络、新媒体迅速普及,人们的生活、学习、工作方式不断改变,儿童青少年成长环境发生深刻变化,人才培养面临新挑战。义务教育课程必须与时俱进,进行修订完善。《义务教育语文课程标准(2022年版)》指出:"以习近平新时代中国特色社会主义思想为指导,全面贯彻党的教育方针,遵循教育教学规律,落实立德树人根本任务,发展素质教育。以人民为中心,扎根中国大地办教育。坚持德育为先,提升智育水平,加强体育美育,落实劳动教育。反映时代特征,努力构建具有中国特色、世界水准的义务教育课程体系。聚焦中国学生发展核心素养,培养学生适应未来发展的正确价值观、必备品格和关键能力,引导学生明确人生发展方向,成长为德智体美劳全面发展的社会主义建设者和接班人。"教师要在语文教学中关注学生正确价值观的引领,重视传统文化的精神力量,注重学生道德品质的培养,在日常的教学中融入德育,采取合理的德育渗透路径。教师应该充分利用教材中文言文的传统特质,为学生呈现出中华传统美德,帮助学生建立正确的道德标准。在新时期的教育改革中,针对"培养什么样的人、怎样培养人"这一根本问题,提出"立德树人作为教育的根本任务",直击教育的本质要求,明确了教育的根本使命,进一步丰富了教育内涵。将立德树人作为教育的根本任务,意味着要培育学生健全的人格,要求教师培养全面发展的人才,让每个孩子都能成为有用之才。

2. 基于立德树人展开初中文言文教学的有效策略

(1)趣味导入作者背景,激发学生学习兴趣。在传统的文言文教学中往往以教师讲解为主,学生只是聆听枯燥的文言知识,被迫接受文章中的育人内涵,难以真正融入课堂中,造成了学生学习文言文提不起兴趣,阻断了教学中的德育渗透。因此,有必要在文言文教学的导入环节,利用文言文本的时代特点,趣味导入,激发学生的学习兴趣,打通立德树人渗透路径。初中语文教材中有大量的名人作品,其中不乏品行高尚的著名教育家以及有强烈爱国情怀的革命家和潇洒处世的文人墨客,他们都有着独特的人物性格和传奇故事。教学这些文言文本时，可以从作者生平中较为著名的事迹入手，既能凸显作者的品质，又能吸引学生的兴趣。通过作者事迹的讲述，学生不仅能够了解关于作者的小知识，还能从作者事迹中受到教育和启迪，从而有效地激发学生学习的兴趣，使学生快速地进入文言文情境。时代背景导入能够将学生带入文章的创作时代中去。陌生的时代感能够引起学生的注意力，理解文章创作意图的同时，能够获取新鲜感的知识。兴趣是最好的老师，教师通过趣味导入作者背景，能够激发学生学习兴趣。学生对学习文言文产生兴趣以后，就会更加容易接受文言文教学，因此并不会排斥文言文教学中的立德树人渗透。

（2）合理疏通字词句段，相机进行立德树人渗透。文言文的字词和语法教学一直是初中语文学习中的重难点，也是教师着力较多的地方，抓住文言文教学过程中疏通字词句段这一路径，就能紧扣课堂，方便教师相机渗透德育。文言文的实词、虚词和特殊句式是课堂文言文教学的重点，在字词释义的过程中，如果能抓住文眼、关键句和重点段落，就能够打通德育渗透的路径。合理疏通字词句段，要抓住文眼。文言文的"文眼"在清人刘熙载看来是"眼乃神光所聚"，就是全文的核心点，也是能够道出文章主旨的字眼。教学时可以通过重点讲解文眼，实现文章主旨的把握。合理疏通字词句段，要抓住关键句。关键句是能体现段落和全文主旨的语句，往往有着可供挖掘的德育内涵。合理疏通字词句段，要抓住重点段落。重点段落是全诗的主要内容体现，也是教师能够相机进行德育渗透的途径之一。作为文言文教学的主要内容，疏通文义是学习文言文的基础，如果能在基础学习的过程中进行立德树人渗透，就能达到事半功倍的效果。因此就要求教师紧扣文言文教学中疏通字词句段这一立德树人渗透路径，帮助学生领悟立德树人内涵，完成立德树人渗透。

（3）积极体悟主旨内涵，诵读感受思想品质。文言文"文道统一"的特性，决定了其主旨内涵的深刻性和隐蔽性。文言文的教学离不开主旨内涵的把握，现代教学中学生作为学习的主体，应该充分发挥学生的主观能动性，让学生在多种方式学习文言文过程中体悟主旨内涵。文言文的主旨内涵可以有多种发掘方式，其中教师讲授是最直接的方式，学生自读感悟是最有效的方式，教学中应该多利用诵读法，让学生在反复朗读中感受主人公思想品质，感悟教材主旨内涵。诵读是文言文学习最常用的方法，俗话说"书读百遍其义自见"，讲究的就是对文章的诵读。文言文的诵读不仅要关注到生字词，还要考虑到文言断句和句式的特殊性，要求学生在诵读前对文言文本有一定的把握程度。诵读不是读一两遍就足够了，而是要反复练读。在反复练读的过程中加强文言知识的积累，形成"其义自见"的诵读方式。诵读不能是枯燥乏味地念书，而应该是多种形式的、吸引学生注意力的诵读方式。不断变化的诵读方法，能让学生不但不觉得枯燥乏味，反而能读出文言文的独特韵味。在初学时可以让学生读通顺，紧接着再读分清文本层次，细读理解文章内涵，再读把握思想主旨。体悟文章主旨内涵是引导学生获取思想知识的来源，也是重要的立德树人渗透路径之一。在文章主旨内涵中往往包含着作者的志趣和情操，能够展现主人公的高尚的人格。学生在诵读的过程中，感受到英雄人物的力量，体会到作者或主人公的召唤，读懂了文章，也就体会到文中的主旨内涵。

（4）大胆拓展相关阅读，组织与立德树人有关的活动。文言文教学不仅要精讲课内文言文，也要进行相关文言文的串联和拓展，在拓展相关阅读时，要加深学生对德育内涵的理解，从而落实道德行为，实现立德树人渗透的效果。文言文教学中立德树人渗透的相关阅读是指内涵大致相同的文言文的对比或类比阅读。通过拓展相关阅读，能够让学生巩固对文言文知识性的掌握，还能更好地加深对立德树人内涵的理解，检验教师教学中立德树人渗透路径的运用效果。大胆拓展相关阅读，要求教师对立德树人内涵进行补充和完善。部编版教材的文言文内容中涵盖了大量的立德树人内涵，这些立德树人内涵暗含在不同的文言文中，难免造成立德树人体系的不完善，因此教师可以对文言文中具有相似内涵的知识点进行补充。拓展相关阅读要关注到阅读中的活动，让学生在听、说、读、写中实现对立德树人内涵的吸收，从而形成品德过程中的"知、情、意"，最终实现"行"的落实。在文言文教学中，立德树人渗透路径需要教师积极检验效果，可以采用拓展阅读和巩固练习的方式。教学中，可以引导学生化身成文章主人公或者作者，对文言文进行大胆的想象和完善。文言文教学不仅是课内文言文的理解和教学，也包括相关文言文的课外拓展阅读。教师可以在备课时加以补充，也可以在课后组织文言文内容的课本剧、辩论赛等方式，对文言文本中包含的立德树人内涵进行大胆的拓展阅读，组织有关活动，落实立德树人的效果。

（5）转变评价方式，强化评价督促。传统的文言文评价中往往忽视对学生道德修养形成方面的考察，使得立德树人实施目标的落实打了折扣，需要教师积极地立足当前文言文教学中立德树人实施的基本现状，全面地转变评价模式，积极地强化评价督促，从而促进立德树人实施目标的有效化与高质量达成。新课标也十分强调过程性评价"应综合运用多种评价方法，增强评价的科学性、整体性"，在课题实施中，我们可以通过课堂观察、小组交流分享等方式，关注学生学习的过程性表现。

（6）自我反思提升，增强立德树人渗透能力。学高为师，身正为范。教师进行自我反思提升，不仅能帮助自己提升能力，还能够带动学生学习进步。教师应该合理利用教育资源，通过参加教学培训、教学研讨、查阅各种文献资料等方式给自己充电，丰富自己的课堂教学方式和经验。教师在进行文言文教学前，应仔细研读文言文教材，从中挖掘立德树人内涵，同时依据教材特点和本班学情，选用合理有效的立德树人渗透路径，增强文言文教学中立德树人渗透的能力。

（五）分析和讨论

（1）受素质教育理念的影响，初中语文教师在教学实践期间需要全面理解并掌握初中语文教材中的内容，积极挖掘文言文中暗含的有效素材，并在课堂教学期间积极渗透立德树人的德育教育理念。除此之外，初中语文教师也应在初中语文教材的基础上，确立立德树人的教学目标，只有这样，才真正有利于学生深刻理解文言文中涉及的知识，以便学生高效学习文言文并激发学生的爱国主义思想。与此同时，教师在确立立德树人的教学目标时，应根据学生真实的个人特性、学习进度、情感需求等，有机地将文言文知识与立德树人的有效素材相结合。

（2）教师在课堂上讲解文言文时，应注重意境的渗透，在文言文内容的基础上构建相应的教学环境，以此将德育教育与文言文知识进行有机结合。比如，教师在正式讲解文言文之前，先要全面掌握文章内容，以此确保在讲解时能够通过情绪感染学生。为了确保学生能够全面理解文章，教师可在学生全部回答完毕后，向学生公布正确答案，通过此形式，教师可以有效借助多媒体设备帮助学生更好地掌握文章主旨内容。

（3）学生在立德树人教育实施过程中的参与活力较低，参与热情不高，将制约立德树人实施目标的达成。这要求初中语文教师积极立足立德树人实施的基本现状，通过引入契合教学主题的游戏活动来强化立德树人实施，从而以活动为依托和载体给予学生更加良好的立德树人教育体验。

（六）建议

（1）加强对义务教育语文课程标准的学习。《义务教育语文课程标准（2022年版）》对文言文的要求是："诵读古代诗词，阅读浅易文言文，能借助注释和工具书理解基本内容。注重积累、感悟和运用，提高自己的欣赏品位。"教师应重视语文的熏陶感染作用，注意教学内容的价值取向，同时应尊重学生在学习过程中的独特体验。

（2）教师在课堂教学中忽视良好环境氛围的营造，使得立德树人实施效果打了折扣，需要教师积极强化认识，并通过各种有效的方法和策略来营造良好的德育教育环境氛围，真正地注重环境熏陶，给予学生无声的感染。

（3）在课题成果推广过程中，本课题组发现，要使初中文言文教学中进行立德树人教育得以有效推广，单靠教师是不行的，还需要学校管理者从机制上加以保证。

［本课题"基于立德树人的初中文言文教学案例研究"，系福建省教育科学"十四五"规划2021年度研究课题（编号：FJJKZX21–183）］

第二章

初中语文阅读教学
策略探索

初中说明文教学内容的选择

一、背景

说明文是初中语文三大文学体裁之一。在现实生活中，说明文是一种运用范围极广的常用文体，随着社会的发展及科学技术的日益进步，说明文越来越显示出它的重要性。说明文是体现语文课程"工具性"特性的重要文体，也是构成语文教材的基本文体，初中语文教育必须使学生具备阅读和写作说明文的能力。但因为说明文在人教版初中语文旧版教材中出现的不多，甚至在目前的新版教材中也仅出现一个单元，导致很多教师对说明文不够重视，就算在国家级公开课上，说明文教学也是鲜有"露脸"的。即便是有实际教学内容的选择不外乎是围绕说明对象、说明特点、说明方法等设置零零碎碎的问题，内容陈旧老套，课型单一固定，教学收效甚微。

教学的核心问题是"怎样教才是有效的"。王荣生教授认为："一堂好的语文课的主要标志是教学内容正确并使学生有效地获取相应的经验。"如何选择说明文教学内容是每个语文教师都应该思考的。

我们先来看两个名家说明文教学课例：

青春派语文教师代表人物王君老师执教《松树金龟子》，课堂设计成三个阶段：首先是初级阶段，要求学生在五分钟之内速读课文，之后交流说明内容和说明顺序；接着进入中级挑战，从课文两处标点符号使用不恰当上告诉学生不"盲信"课文；高级挑战就是课堂的高潮了，王君老师设计了"请证明法布尔的著作是'科学与诗的完美结合'"的问题，要求学生比较原句与改句，体会语言的优美，还指导学生用诵读诗歌的语言反复朗读生动优美的段落或者句子，最后课堂总结法布尔成为法布尔的原因。此外，教师还介绍了《昆虫记》成书的背景。

余映潮先生执教的《故宫博物院》，从写作借鉴的角度选择教学内容，概括出段落的不同结构形式，如"概说+阐述式描述""概说+举例式描述""说明+比较式描述""说明+观感式描述"等，使文中段落成为写作教学的范本和阅读分析能力的典型材料，不得不佩服余老师极高的教学内容选择能力。在《苏州园林》的教学中，余老师带领学生发现语言组合表达模式，得出"说明+观感"语段结构模式，积累句子的表达模式，如"比喻式地说""排比式地说""议论式地说""举例式地说""赞美式地说"等。

二、内容选择的原则

解读名家课例，我们发现他们的教学内容灵动，不拘泥于常规，将说明文教学演绎得花团锦簇、精彩连连。在日常的说明文教学中，我们可以学习名家，结合学情，遵循"两个原则"，做好"四个关注"，以求达到说明文教学内容收益最大化。

（一）遵循课标要求和单元导读

课标是航标，是课堂延续的方向、核心支撑。课标中对说明文教学要求比较简单——"注意领会作品中所体现的科学精神和科学思想方法""写简单的说明性文章，做到明白清楚"，初中说明文集中在部编版语文教材八年级上册第五单元，在课标总纲下解读单元导读要求。遵循课标和单元导读，不死抠文体知识，设计灵动的教学内容。

（二）遵循语文味

语文学科是一门综合性的人文学科，有很强的边缘性。说明文的目的在于给人知识或者阐明事理，说明文教学很容易误入伪语文的泥淖，一不小心就会把《看云识天气》《化石吟》《大自然的语言》上成地理课，或把《生物入侵者》《旅鼠之谜》上成生物课。教学内容的选择一定要提高学生的语文核心素养，在学习说明文的过程中，要将"语言建构与运用""思维发展与提升""审美鉴赏与创造""文化传承与理解"等方面进行有机整合，课堂充满浓浓的语文味。

三、内容选择注意要点

在遵循以上两个原则的基础上，教学内容的选择还需关注以下几点。

（一）不过分强调文体知识

尽管说明文是知识含量非常丰富的文体，学生要学习作者运用什么说明顺序和哪些说明方法将说明对象的特点或者蕴含事理阐释清楚，学习严密的思维和讲究的语言，等等。《中国石拱桥》作为教材第一篇说明文，可以将此文作为定篇，使学生获得说明文相关知识，或者可以将《苏州园林》作为定篇，但是并不是所有的说明文都适合强调这些文体知识，应根据文章的内容去选择合宜的教学内容，有的说明文如《绿色蝈蝈》，教学内容的定位应是品味生动优美的语言，在诗一般的语言中将科学的知识与精神彰显出来，带领学生感受法布尔《昆虫记》的语言特色，这与其他的说明文是有差别的，像王君老师执教《松树金龟子》一样，可以上得诗意盎然。又如《旅鼠之谜》，本文以对话体的形式，阐释旅鼠的三大谜，同样可以淡化文体知识，在教学内容的定位上可以是学习这种对话体的结构，在轻松的氛围中学得知识，懂得道理。

（二）关注教学内容的落点

教学内容的落点指的是在一个具体的教学活动中学生实际所学的东西。结合学生心理特点和课堂节奏特点，教学内容不宜庞杂，确立好说明文的教学内容之后，落实每一个教学落点是必须的。一篇《中国石拱桥》，教学内容若是定位为欣赏结构层次，可以引导学生思考分析：①第一、二段与其后六个段落的关系；②第九、十两段与前面六个段落的关系；③ "赵州桥"与 "卢沟桥"的位置关系；④ "赵州桥"两个段落之间的关系；⑤ "卢沟桥"三个段落之间的关系。在问题的设置上讲究顺序，讲究先宏观再微观。若是定位为说明方法的运用，那就应该引导学生辨别打比方、分类别、下定义等，掌握说明方法的作用。总之，在课堂的每个环节中，学生都应有所得，而不是对说明方法进行 "蜻蜓点水"式的学习，认知浅尝辄止。

（三）关注语言学用训练

说明文与其他文体不同，其语言相对理性，因此应引导学生关注语言表达，进行相关的语言学用训练，从段落、句子中去学习，获得写作启示，真正将阅读与写作联系起来。譬如《桥之美》，作者吴冠中以画家的眼光和文学家的情怀去写桥，可以选择第四段进行精品段落阅读，感受作者从四个方面说明桥之美：石桥与密密的苇丛相配合有疏密相间之美，石桥与细柳飘丝相映衬有刚柔并济之美，石桥与单纯明亮的背景相搭配有生机盎然之美，石桥与飞瀑流泉相结合有动静之美。让学生在段落的品析中，体会吴冠中用词的典雅，领会作者看桥淡化其结构、种类、功用，更注重其美学价值。引导学生学习《大自然的语言》时进行段落品读欣赏，文中每一段都可以品读，比如第一段的笔力深厚，意境高远，用词典雅，寓说明于描写之中，给读者展示了一幅四季风光画卷，给读者美不胜收的阅读感受。使学生通过品读这些经典的句子或者段落，将其借鉴运用到说明文的片段写作训练中去。

（四）关注情感态度价值观教育

说明文并不是板着脸孔说明事物特点或者阐明事理的，教师带领学生研读文本，在进行知识与技能、过程与方法中对学生进行必要的情感态度、价值观的教育。例如，让学生体会《马》中作者对马的赞美与同情之情，《旅鼠之谜》中作者对大自然的敬畏之情和对人类无节制繁衍的担忧之情，《说"屏"》中作者对传统文化的热爱之情，等等，从而让学生体会说明文写作带着情感，一样能引发读者思考，起到教育目的。

总而言之，在阅读教学中，对所有的文体一视同仁，不偏重文学作品的阅读，重视说明文教学，采用合宜的说明文教学内容，实现事倍功半的教学效果。

参考文献

［1］王荣生.听王荣生教授评课［M］.上海：华东师范大学出版社，2010.

［2］王君.青春课堂：王君老师与语文教学情境创设艺术［M］.北京：
北京师范大学出版社集团，2012.

［3］余映潮.这样教语文：余映潮创新教学设计40篇［M］.北京：教育
科学出版社，2012.

［4］中华人民共和国教育部.义务教育语文课程标准（2011年版）
［M］.北京：北京师范大学出版社，2011.

初中小说教学内容灵动性的思考

小说占部编人教版初中语文教材总篇数不多：七下1篇，九上8篇，九下4篇。在有限的课堂时间内，应该如何选择小说教学内容，避免课堂僵化或热闹过后，实际上学生内心触动不多、影响甚微的现象？

我们先看日常小说教学课堂呈现的几个典型模式：

《故乡》：扫除字词障碍后，围绕小说三要素，结合课后习题，在教师的碎问和学生的碎答中，解决人物形象分析，完成小说主题的探讨。

《范进中举》：课本剧如火如荼精彩上演，之后，依旧围绕小说三要素，课堂讨论此起彼伏，沸沸扬扬，对范进这一可怜又可笑人物进行分析，对选文的语言特色进行总结。

笔者在这样僵化的课堂中观课，心有戚戚焉：我们的小说教学怎么了？教师对教学内容的选择是不是在零敲碎打的小问题的包围中过多地关注了小说的内容，而忽视了作家通过哪些技巧手法来表现内容？教师有没有很好地将语文核心素养渗透于课堂之中？一节课下来，学生学到了什么？

同样一篇《范进中举》，青春派语文代表王君老师是怎么上的呢？在王君老师的课例"探讨主人公身份的奥妙"中详细地记载了当时课例的起因、过程：她抓住一学生"杀猪的，好好耍哟，咋个不是农民呢"的嘀咕，课堂智慧生成，设计了"范进的老丈人为什么是个屠户"的教学切入点，学生紧扣文本，教师引导，总结得出艺术创作中主要人物身份的决定因素。这样的教学内容，能说激起学生的只是一课时的涟漪吗？这样的课堂，能说不是灵动的吗？

教什么，这是一个关乎语文课程价值的重大问题。一堂课如果教学内容有问题，或者只针对考试而教，那么教师的感染力再好，课堂气氛再热烈，价值都是有限的。

王荣生教授反复强调："一堂好的语文课的主要标志是教学内容正确并使学生有效地获取相应的经验。"我们知道课堂是一个常量，面对一篇课文有许多文本秘妙的情况下，如何选取和确定教学的核心价值，成了检验教师是否合格或者优秀的试金石，因为我们不可能文本有什么教学价值就教什么，也不能想教什么就教什么，更不能什么容易教就教什么。小说相比另外三种文学作品，以其内容的丰富性、情节的虚构性、主题的深刻性、语言的个性化为教师教学内容的选择提供了多样性。

小说教学内容的选择要注意哪些事项呢？小说课堂的灵动性是如何显现呢？

一、教师要有语文课程意识

王荣生教授的"一节好课9级累进标准"之一就是教学内容与语文课程目标一致。新课标是航标，是课堂延续的方向、核心支撑，不能把"课程的语文"演变成"教师的语文"，"开发和张扬是有界的，语文教师并不能代替课程或者篡改课程"。课标指出要"能够区分写实作品与虚构作品，了解诗歌、散文、小说、戏剧等文学样式""欣赏文学作品，有自己的情感体验，初步领悟作品的内涵，从中获得对自然、社会、人生的有益启示。对作品中感人的情境和形象，能说出自己的体验；品味作品中富有表现力的语言"。

鲍道宏教授指出，在语文课程经验组织下的小说教学要规范，不能过于随意，要注意知识的连续性，注意经验的顺序性，注意内容的整合性。王荣生教授也认为语文教学内容应以"教学内容与语文课程目标一致"为基础，依赖课程与教学内容的整体规划。所以，语文课程意识的建立是小说教学的前提，绝不是随心所欲、孤立割裂的。

二、教师要有教材单元以及整个初中阶段的教材编排特点意识

在语文课程目标意识下，教师要去体察整个初中阶段教材编排侧重点，去琢磨小说单元教学要求，在教学内容选择上要能"切合学生的实际需要"。小说的教学集中在九年级，应该说，这样的编排是较为合理的，符合学生的心理特点和知识架构。九年级学生经过两年语文素养的积淀，在快速阅读、情节归纳能力、语言鉴赏等方面有了提高，教材单元提示中明确要求"学会梳理小说情节，试着从不同角度分析人物形象，并结合自己的生活体验，理解小说的主题"，注重对学生想象和联想能力的培养，有专门的单元活动"走进小说天地"，这样教师通读教材编排特点，心中有丘壑了，就不会对七年级学生大谈小说特点，就不会仅对九年级学生提出速读这一初中起始阶段的要求了。

三、教学内容的选择与教师文本解读的能力息息相关

任何好课都是以认真文本解读为基础的，语文教师要能从文本中发现教学资源和教学价值，"课堂的灵动就不会盲动，甚至变为乱动"。立足文本解读的教学立场、作者立场、学生立场，知道教学的路径，能站在作者的角度去想，能以学生的眼光去解读，去发现学生的阅读误区和疑问，都是十分重要的。教师是作者与学生之间的中介人，应引导学生在学习中做以下努力。

（一）体察小说结构安排的合理性

文章的结构如房屋的结构，设计巧妙了，才有嚼头。《最后一课》以"横断面"的结构法，将人物"从日常的常规心理惯性中冲击出来，使之进入例外的反常的环境"，情节设置的环境是在最后一节法语课上，小说感染力陡增。《我的叔叔于勒》教学内容的选择绝不是停留在对人物性格的分析、主题的探讨上，而应该是引导学生体会叙事结构的巧妙。课文安排的情节结构是"①盼于勒②送于勒③赞于勒④见于勒⑤躲于勒"，引导学生思考如果是②①③④⑤会怎样？如果是⑤②①③④会怎样？若是②①③④⑤，文

章是平铺直叙，情节的趣味性就会大大降低，毕竟"文似看山不喜平"；若是⑤②①③④，固然有其情节的悬念性，但是菲利普夫妇性格中的可恨处就不那么突出，可见小说中事件所处的位置有其功能意义。《智取生辰纲》中结合课后习题三，从晁盖的角度改写故事，两相比较之下，学生明白课文以意外效果的结构特点取奇，自然对吴用等人的计谋深感佩服。讲清这些叙事结构对学生的写作大有裨益。

（二）体察小说中叙事者的选择

初中小说有四篇的叙事者是"我"，这在小说的叙事学中别有深意，不妨带领学生梳理、深思：《孔乙己》中的"我"是咸亨酒店的小伙计，他对孔乙己的认识局限在酒店的目击和众人的议论上，连一个不谙世事的十二岁的小伙计对孔乙己的态度都是鄙夷、嘲笑的，主题的深刻性显而易见了。《我的叔叔于勒》中的"我"，以孩子的视角观察大人的世界，一句"这是我的叔叔，父亲的弟弟，我的亲叔叔"道不尽小人物的辛酸、无奈与困惑。《故乡》中，从知识分子"我"的角度去解读杨二嫂和闰土，有深重的悲凉，也有憧憬的呓语，而从杨二嫂和闰土误读的"我"中，引导学生思考"我"的身份可以换成其他吗？如此等等，辛亥革命的不彻底性就可见一斑了。

（三）体察小说中细节

钱梦龙老师说"碧波深处有珍奇"，小说深处，可以咀嚼的细节很多，教师应引导学生发现并思考这些细节在小说中的作用。例如，《变色龙》中跟在警官奥楚蔑洛夫后面的巡警叶尔德林的头发为什么是"火红色"？奥楚蔑洛夫几次"脱""穿"军大衣有什么意味？《孔乙己》"店内外充满着快活的空气"，"店内外"三个字颇有嚼头，"外"字能不能删去？这些人快活的状态是怎样的？如此教会学生读小说，在语境中引领学生思考，在咬文嚼字、字斟句酌中，培养学生语言鉴赏能力。

四、教学内容的灵动性与教师的课堂应变能力有关

灵动的课堂是瞬息万变的，教师应具备必要的决断力，能够根据学生具

体情况随时进行现场专业性决策，让课堂生成种种精彩。

灵动课堂中的教师能轻松驾驭教材，既可以在教材之内，也可以在教材之外，不唯教材。王君老师的另一课例"三个泼辣女人和两件长衫"，是执教《蒲柳人家》时意外开花的教学片段：教师引导学生比较一丈青大娘、杨二嫂和菲利普夫人，回到文本中去探讨人物之间的相同点和不同点，挖掘人物之间的本质不同，因小说主题的不同，人物生活背景和成长背景不同，人物的个性迥异；教师引导学生继续比较何满子的爷爷何大学问和孔乙己，得出这两个出生不同年代但同样对读书很尊崇的两个人，孔乙己的长衫是灰色的压抑的，何满子爷爷的长衫是阳光的可爱的，作家塑造人物是精妙的。

笔者执教《故乡》时，曾结合郑桂华老师的讲座《写作教学的困境与出路》，延伸出一节人物语言描写专题复习课，带领学生去发现提示语的位置变化、标点符号的斟酌、叹词的点缀、称谓变化与人物心理变化、人物神态变化等。从课文中获得写作技巧，何乐而不为？

五、整合重组教材，实现读写结合

通过群阅读课型去构建小说教学语境，改变单篇教学的推进方式，使文本从单篇阅读到多种文本阅读的转变。在议题的选择上，如在人物比较上，将鲁迅的《故乡》《孔乙己》重组，比较中年闰土和孔乙己谁更可怜，要求学生从文本中寻求证据；还可以在人物肖像描写上，去探寻人物身份、性格，寻找写作方法。又如，在环境的设置上，《孤独之旅》中的暴雨，《智取生辰纲》中的天热，两文比较学习，使学生明确环境功能。聚焦一个议题，之后就是尝试写作，可以让学生阅读抽掉其中的练习内容的短篇小说，让学生补充练习，再与原作内容进行比较，定会有所收获。

总之，我们在进行小说教学时，要慎重选择教学内容，让自己的课堂充满灵动，正如梁捷老师说的"我们每个人都是沧海一粟，即使是一粒沙子，也要做一粒有灵性的沙子"。诚如是，教师的专业发展与学生获得的小说技巧将"秋水共长天一色"！

参考文献

［1］王君.王君讲语文［M］.北京：语文出版社，2008.

［2］王荣生.听王荣生教授评课［M］.上海：华东师范大学出版社，
2010.

［3］教育部.义务教育语文课程标准（2011年版）［M］.北京：北京师
范大学出版社，2011.

核心素养下初中古诗词有效教学策略初探

——以《天净沙·秋思》《钱塘湖春行》
《卖炭翁》为例

在一些古诗词教学课堂上，我们总是很遗憾地看到无效教学的影子：一是问题引领法。学生围绕教师设置的几个问题，从内容、情感、写法等方面，被动地接受教师提供的答案。二是理解读背法。作家作品介绍之后，学生串讲诗词大意，课堂读读背背。三是花拳绣腿法。教学方法眼花缭乱，看似热闹背后其实学生对诗词理解不深。这些教学，没有在积极的语言实践中积累和构建，无法实现"九年义务教育阶段的语文课程，必须面向全体学生，使学生获得基本的语文素养"这一课程基本理念，使得语文核心素养在事实上被割裂。

观照初中古诗词教学，我们是不是可以依托学情和教材体系、单元导语等，也将"语言建构与运用""思维发展与提升""审美鉴赏与创造""文化传承与理解"四者相融，使其共生于教学之中呢？本文以部编教材中的《天净沙·秋思》《钱塘湖春行》《卖炭翁》为例，分别从描述品析、朗读脚本、改写等教学策略上谈谈理解。

一、描述品析，夯实基础，始于足下

对于以写景为主的教材内容，要重视朗读课文，想象文中描绘的情景，领略景物之美，如何引导学生在已有写景知识基础之上，体味简短诗词的景物韵味，有个很好的教学策略就是，先描述再赏析。描述是高于翻译的再创造，其前提是理解诗歌内容，赏析是对诗句的品位，体现阅读者的审美能力。

《天净沙·秋思》教学片段之一

师：有人说好的画是"画中有诗"，好的诗是"诗中有画"，这首小令看似简简单单28个字，细细咀嚼，每句画面感都极强，你能用自己的语言来描述吗？并说说画面营造的氛围及带给读者怎样的感受。请挑选一句，动笔写一写。（五分钟后，交流展示）优秀发言如下：

生：枯藤老树昏鸦——枯死的藤蔓不依不饶地、盘绕在老树枝干上，瑟瑟秋风中还有枯叶落地声，寒鸦啼叫声，马蹄声，心跳声。我想从视觉和听觉两方面，重点是听觉，来强调野外的空寂。

生：小桥流水人家——昼夜不歇的是淙淙溪流，像我漂泊的步伐，远处横跨溪流两岸的小桥若隐若现，炊烟袅袅，飘散在林海深处。我想是傍晚，既然有人家，就有炊烟，我就着重想象炊烟袅袅的画面，这样可以平添游子更深的思乡之情。

生：古道西风瘦马——西风起，寒意生。谁见古道悠悠，瘦马无力走天涯？我想表达的是自问自答的忧愁，为下一句蓄势。

生：夕阳西下，断肠人在天涯——天涯不是我的家，夕阳西下，将断肠人的影子拉得很长，很长。在光影的交叠中，我想表达的是断肠人的孤独与惆怅。

以上描述画面的设计不是孤立的，而是结合了课后习题中"诗人把富有特征的景物直接组合在一起，营造出特别的氛围。假如你身处其中，面对此情此景，会有怎样的感受？"，五分钟课堂选写是语言活动的主要形式，要求学生具有换位意识，"断肠人"意识，体验曲中描绘的画面和表达的情感。实际教学中，不可避免会出现照着句子翻译的现象，教师引导学生描述诗句把握的原则：可添形容词，可换词序，不改诗词表现的内容与情感。但是并不是每首诗词都适合再描述，就《天净沙·秋思》这首元曲而言，它被称为"秋思之祖"，曲的美妙在于连用九个名词即九个意象叠加，营造了与众不同的画面，所以接下来的环节设置就很必要了。

《天净沙·秋思》教学片段之二

师：同学们的描述能力不错，想象力丰富，说明对古诗的感受、理解能力都挺强的，基本上能身临其境，将断肠人眼中的景、心中的情淋漓地表达出来，把同学们精彩的发言连接起来就是一篇优美的小散文。我们来思考一个问题，是我们描述得好还是马致远写得好？

生：我们的描述更具体，画面更丰富，马致远的曲词很简洁，好像各有千秋。

师：观察一下马致远的前三句在语言结构上有什么特色？

生：由九个名词性词组构成，且结构基本上是形容词加名词。

师：我们读到"枯""老""昏"这些词语时，眼前的画面色调是怎样的？我们可以体味到断肠人内心涌起的情感是怎样的？

生：色调是一种了无生机的昏暗，主人公是孤寂、悲凉的。

师：摄影里讲究减法艺术，诗人不懂摄影，然而他用最少的文字来表达最丰富的情感，没有多一字，这就是他高明的地方。主人公跋涉途中，眼前所见之景一定不止这些，然而马致远抓住最能触动断肠人情怀的景物，交叠意象，达到情景交融的效果。这种词语堆叠的方法，其他诗人也有用到，一起来看。（屏显：温庭筠《商山早行》"鸡声茅店月，人迹板桥霜"与马致远的曲用字法相似，但马致远的曲用字更加简练，画面更加丰富。）

诗词的美不是刻意去解析。这一环节的设计，看似推翻了诗联品析，实际上在师生对话的"语言建构与运用"中，在教师的启发引领下，通过对比，引导学生紧扣"枯""老""昏"等词语，展开想象，还原曲中情境，使学生感受曲中营造的色调，体味羁旅在外的古人情感。

七年级初始阶段，通过描述品析的方法，学生的理解能力、想象能力、语言组织能力等得到进一步的提高，在师生共同的积极语言活动中，学生的"思维发展与提升"更加理性，在一首首古诗词浸润下，继续培养学生的文化素养。

二、朗读脚本，深入文本，有效朗读

所谓朗读脚本，其实就是从感情基调，以及朗读时的语速、语气、语调、节奏等方面对文章进行朗读的设计，也就是说它是个体在对文本理解的基础上融入的朗读处理。朗读脚本往往以文字的形式出现，可以呈现撰写者对文本、对朗读的理解，也可以对别人的朗读起借鉴、指导的作用。

朗读脚本是诗联品析的下一步，更具有挑战性，对撰写者的文本理解、朗读处理技巧等方面都有要求。撰写者首先要有一定的朗读知识，教师开设两节朗读讲座，告诉学生什么是重音、语调、语气以及身体语言甚至舞台呈现形式等，接着就是考查学生个体对文本的理解能力水平了。

《钱塘湖春行》是部编语文教材八年级上册第三单元的一首唐诗。全诗轻扬、活泼，诗人的欢快、赞美之情流露无遗。经过一个学年多的语文学习，学生欣赏诗词的能力有了很大的提高，经过两次朗读脚本的撰写指导，大部分学生具备独立撰写朗读脚本的能力。课前布置学生写好朗读脚本，课上小组交流展示之后，当堂提出疑问，师生共同解决，修改一番后，然后投影展示，学生演读。

《钱塘湖春行》教学片段

生：我们组交流时有以下几处意见不统一。首先，首联第一句在语调的处理上要平调还是升调？其次，颔联中重音的处理该落在"几处""争""暖树""谁家""啄""春泥"哪些词上？

师：哪位同学能帮忙解答？

生：首联第一句是叙述自己游春的路线，所以用平调。

师：确实如此，诗人好像和我们聊天说今天去游春啊，路线是从孤山寺北面一直到贾亭西面。至于颔联的重音如何处理，还记得重音是为了表达朗读者想要强调的内容吗？朗读者理解不同，自然重音的落点也不同。

生：明白了。如果为了强调早春的早，可以放在"几处""谁家"上，如果为了强调早莺与新燕的活泼朝气，可以落在"争""啄"上。

师：是这样的，接下来的句子也可以此类推，重音的处理，语气的把握，都建立在我们阅读者对诗句的正确理解上。

学生继续提问，师生一起解答，学生修改自己的脚本，五分钟后展示，优秀展示稿如下。

生：诗歌首联起笔叙述诗人游春路线，朗读时语调相对平稳些，"山""亭"声调稍微拉长，我们可以想象骑马游春的诗人被眼前景吸引了，面含微笑。"水面初平云脚低"，但见春水初涨，白云低垂，读这句时，语调上扬，特别是"平""低"，一种喜悦扑面而来。

生：颔联写早莺争着向阳的树，新燕衔泥筑巢，一派热闹、生机勃勃的景象，重音落在"争""啄"上，写出鸟儿们的活泼情态，饱含诗人赞美之情，读时语调清扬、欢快。

生：颈联写了早春的花和草，花儿次第开放，让人眼花缭乱，"渐欲"重读，强调花开的过程，浅浅的青草刚刚没过马蹄，"才能"轻读，"没"重读，突出草之浅。

生：尾联写诗人游览后对钱塘湖春景的大加赞叹，"最爱"两字重读，"行不足"表达的是流连忘返之意，读时可以拖长声调，"白沙堤"三个字一字一顿，可以重复读一遍。

从以上片段可以看出朗读脚本的撰写，绝不是简简单单的诗句翻译，一样建立在对诗歌内容与情感的理解之上。学生提出疑问，就是在解决诗歌理解的问题，在撰写中，学生的思维被激活，得思考诗联表达的意思，得琢磨重音、语调等，个体的审美意识再次唤醒，感受着诗词文化的魅力。

三、改写诗词，求同存异，拓展思维

学生要欣赏文学作品，有自己的情感体验，初步领悟作品的内涵，从中获得对自然、社会、人生的有益启示。对作品中感人的情境和形象，能说出自己的体验；品味作品中富有表现力的语言，在描述品析或朗读脚本撰写的基础上采用改写的形式，形成读、赏、写三位一体的教学策略。

《卖炭翁》是部编版语文教材八年级下册第六单元的一首唐诗。教师可以要求学生对卖炭老人肖像、心理、动作描写做简要分析，"积累拓展"里要求学生发挥想象，增加一些细节，将诗歌改写成一则小故事。因此，课堂对学生进行改写指导，就很重要了。

《卖炭翁》教学片段

师：诗歌内容我们已经很清楚了，如果我们要将这首诗改写成一则小故事，就要一起来思考两个问题。（屏显：改写时，遵循"不变与变"的原则，说说"不变"的是什么？"变"的可以是什么？）

生：改写时"不变"的是诗歌的故事情节，也就是卖炭翁辛苦伐木、烧炭、卖炭，最后却被宫使抢劫。

师：故事情节确实不能变。我们在寻找每个"不变"的节点时，能不能反问一下，在"不变"中能否寻找到"变"？比如情节这处，原诗是按照什么顺序写的？一定要按照这个顺序吗？

生：老师，我知道了。在保留情节内容不变的前提下，我们可以变化叙述的顺序，比如我可以先写卖炭翁辛苦拉炭，然后再交代伐木、烧炭等内容。

师：这就是"变"了，想想在情节内容的叙述顺序上我们还可以怎么"变"？

生：我觉得也可以把故事的高潮放在开头来写，就像我们学过的课文《羚羊木雕》那样直接把矛盾冲突摆出来。

师：能联系学过的课文，很好。开头就把冲突摆出来，有什么好处？

生：一下子气氛就紧张起来，就会吸引读者跟随叙述者的笔触走进卖炭翁的遭遇，同情他的遭遇。

师：白居易是如何刻画卖炭翁这个人物的？请同学们在课文上做标记。在人物的刻画上，我们遵循的"不变与变"又是什么？

生：对卖炭翁的刻画有肖像描写，比如"满面尘灰烟火色，两鬓苍苍十指黑"。

师：这句白居易是想要向读者传达什么信息？

生：极力刻画劳作的艰辛，脸上都是烧炭烟熏火燎的痕迹，还有因常年劳作而黑乎乎的十指，以及苍苍白发。

师：劳作的艰辛换来的却是宫使扔下的不等价"半匹红纱一丈绫"，还有哪些描写，要传达哪些信息？

生：有心理描写，如"卖炭得钱何所营？身上衣裳口中食"，表现卖炭翁辛苦劳作的目的；有动作描写，如"伐薪烧炭南山中""市南门外泥中歇"；等等。这些描写在改写时都不能变。

师：说得很好。这些人物描写的方法确实改写时尽量不要去变，但是我们可以添加其他人物描写的方法，比如——

生：老师，可以添加语言描写。在"回车叱牛牵向北"时，卖炭翁与宫使之间一定有对话，包括结尾"系向牛头充炭直"时也可以写卖炭翁的自言自语。

师：你能够在文章的留白处添加，有一双慧眼。其实"变"的何止语言，你还可以添加比如结尾，一车炭被抢走后，老翁的——

生：眼神特写，双手特写，身体颤抖特写。

以上教学片段，教师引导学生从故事情节内容、人物描写等节点，寻找改写诗歌要遵循的"不变与变"的原则，学生不断思考，他们的思维在教师设置的问题以及师生对话的"语言建构与运用"中得到发展与提升，课堂精彩发言俯拾即是，更值得称赞的是教学重点和难点在教师的引导下一并解决了，而寻找每个节点的"变"，比如结尾添加的眼神特写、双手特写等，又使学生在原有的审美体验基础上，审美创造力得以进一步提高。学生在学习中，感受到白居易语言风格的特点，感受到诗歌的魅力所在，也就达到了"文化传承与理解"。

黄厚江老师说教师要多元设计学习活动，引领深度理解和鉴赏诗词，因此，语文教师进行诗词教学时，可以根据学情和教材体系，由浅入深，从描述品析、朗读脚本到改写，引导学生学习古诗词。当然，诗歌活动策略不一而足，不管怎样，在语文核心素养的理念下，教师应"主动创设与教学内容密切相关的各种形式的活动，提高学习的效率"，让学生真正读懂诗词，"认识中华文化的丰厚博大，汲取民族文化智慧"，做一个具有深厚的诗词文化积淀的学生。

参考文献

黄厚江.诗词教学：内容的开掘与活动的设计——评赵洁老师的《八声甘州》教学〔J〕.教学月刊·中学版（语文教学），2018（Z1）：64–67.

基于新课标背景初中语文大单元
教学研究实施策略

《义务教育课程方案（2022年版）》对一线教师教学实践提出明确要求：“探索大单元教学，积极开展主题化、项目式学习等综合性教学活动，促进学生举一反三、融会贯通，加强知识间的内在关联，促进知识结构化。”在新课程理念下，“大单元教学”成为初中语文一线教师积极探索的方向之一，但在具体实践过程中，出现了以单册一个单元为教材，课时安排不合理，缺乏初中整个阶段的统整性与系统性，轻学业质量评价，课堂案例较少，对学习成果呈现轻描淡写等现象。

课题组立足课堂实际和课题校学生实情，在大量观课、议课以及课题实践过程中，针对出现的短板，遵循语文教学规律，积极采取一些策略方法。

一、明确概念，聚焦素养立意

大单元教学指的是基于新课标、新教材、新学情，以开展学生学科核心素养为追求，以大主题或大任务为统领，运用整体性和系统性思维，对学习内容进行分析、整合、重组和开发，形成具有明确的主题（或专题、话题、大问题）、目标、任务、情境、活动、评价等要素的结构化的具有多种课型的统筹规划和科学设计。

比如，要执教八年级上册第一单元，就要明确其特殊性。本单元属于“活动探究”单元，不可能按照单篇教学的思路逐篇教学，认为掌握新闻概念以及新闻要素，能够区别新闻不同体裁等知识点就可以，而忽视单元任务已经明确出示的"活动任务单"，即"新闻阅读""新闻采访"到"新闻写作"。这三个任务循序渐进，将理论发现与具体实践结合。在大框架已经搭建的前提下，要细化的就是在每个活动中准备采用的课型、环节、作业、评价等。通过活动，引导学生归纳常见新闻体裁特点，并能进行新闻写作；通过活动，让学生掌握阅读新闻方法，熟悉新闻采访一般方法和步骤。从而培养学生关注社会生活、经常阅读新闻的习惯。

比如，要执教鲁迅先生《阿长与〈山海经〉》，可以结合《从百草园到三味书屋》和《藤野先生》两篇文章，开展"探秘鲁迅先生的'朝花夕拾'"大单元教学。课堂以"追寻先生足迹—探讨人物形象—感受先生语言—体悟先生情感"为内容环节，结合《朝花夕拾》整本书阅读，实现整合效益。

只有在概念明晰的基础上，才有可能对所选教材进行统整与开发，才有可能对学生学习过程进行科学、合理的跟踪评价，以提升学生语文核心素养。

二、紧扣课标，结合教材学情

新课标是开展教学活动的根本。基于新课标背景下初中语文大单元教学要兼顾学习内容的整体性和系统性，紧扣学习目标、真实情境，对语文学习内容进行重组、打通、关联和整合，关注学习过程，改进评价体制，采用多种形式呈现大单元学习活动成果。

教学的实施过程也应考虑部编教材编排和各自学情特点。脱离教材所处位置，制定的学习目标过高或过低都是不科学的，都不利于大单元教学开展。

比如，要讲授议论文，就要通读部编教材所有议论文及其所在位置。七年级有上册《纪念白求恩》和下册的《最苦与最乐》《爱莲说》，执教大单元不合适，毕竟七年级阅读教学以记叙文为主；八年级有上学期的《生于忧患，死于安乐》《富贵不能淫》《得道多助失道寡助》和下学期的《应有格物致知精神》《马说》，可以适当展开大单元教学；最适宜上的就是九年级，可以整合上学期两个单元，在教学顺序上稍作调整，第一组有《敬业与乐业》《论教养》《怀疑与学问》（精读文），课外自读《谈创造性思维》《创造宣言》；第二组有《就英法联军远征中国致巴特勒上尉的信》（书信体）、《精神的三间小屋》（议论性散文）；第三组以《中国人失掉自信力了吗》为精读文，补充一两篇课外驳论文。落实教学必然要落实新课标要求即"阅读简单的议论文，能够区别观点与材料，并且能够说明观点与材料之间的关系"和"写简单的议论性文章，做到观点明确，有理有据"。从寻找论点、分析论据和论证思路、梳理论证方法等角度研读教材，确定核心学习目标。到九年级下学期，通过学生自读《谈读书》等议论文之后，可以开展一两场辩论赛，训练学生逻辑思维能力。

不紧扣新课标，无视学情，大单元教学实施效果将大打折扣。

三、精选文本，重视核心概念

依托教材，确定核心文本，对教材进行二次组元，对多文本进行整合比较，确定基于单元目标下学习内容，提取大单元大概念，确定大单元核心主题，提取大单元核心问题，等等，这些都是大单元教学的实施关键。

比如，执教九年级下册第一单元现代诗歌，在"感受新诗的形式美和内在美"这一大概念下，核心文本确定为舒婷的《祖国啊，我亲爱的祖国》，主问题设计为探讨现代诗歌"美"的密码。从查阅诗歌背景资料和把握感情基调入手，带领学生赏析诗歌中的意象特点、语言特色、表现手法等，在反复研读中体会现当代诗歌的抒情性和多样性。最后根据范例提示，给诗歌撰写朗诵脚本，包括重音、停连、节奏、语调等，并能录制朗诵短视频。

在核心大概念主题统领之下，文本选择可以在教材单册或者多册中进行整合，文本间相互支撑，深度关联，实现最大教学效益。打通单元内外，也就是一个单元内，可以多篇（首）。例如，九年级下册第一单元《短诗五首》，建议在卞之琳的《断章》下带动其他四首的学习；也可以是单元外的文本组合，如八年级下册游记教学，可以整合第三单元《小石潭记》以及第五单元四篇课文；若确定核心文本为《壶口瀑布》，则可以回顾八年级上册第三单元《三峡》等篇的写景方法，带领学生继续归纳写景技巧，去发现景与情之间关系，在古今作家作品中发现游记特点，之后展示优秀作文引导，布置学生游记写作，实现读写结合。

精选文本，确定哪些教学内容，确定哪个核心主题，准备教会学生哪些知识，从语言目标、思维目标、价值目标等方面如何践行课标理念，也是实施过程的一大策略。

四、重视单篇，讲究点面结合

大单元下的多文本教学其实也是群文教学。对于群文教学，统编语文教材总主编温儒敏先生认为"'群文教学'不能完全取代单篇课文的教学，'群文教学'还是要有一篇或两篇为重点"。崔允漷教授认为大单元教学设计应强调统摄中心之大，以"大任务""大项目"驱动，强调的是教师的高站位，但不等于说要放弃单篇。例如，开展"探秘鲁迅先生的'朝花夕拾'"大单元教学，不等于说放弃对《阿长与〈山海经〉》《从百草园到三味书屋》《藤野先生》的精读。

大单元教学下的单篇教学，承载着完成单元教学指向任务，也承载着深入理解单元大概念的重担，其教材功能属于王荣生教授鉴别语文教材功能中的"定篇"，"定篇"可以"透彻地领会规定的经典名篇，是语文课程与教学的重要目标"。用好单篇，是实施大单元教学关键之一。

比如，解读部编版语文教材七年级下册第一单元教材，提取"对比在刻画人物性格上的作用"大概念之后，以《孙权劝学》为单篇教学。因为该篇讲述了一个完整又隽永的故事，言简意赅，学生在学习孙权、吕蒙、鲁肃等人物语言、行为之后，能感受人物简约而不简单的语言，发现反衬式对比与比较式对比都对人物性格起表现作用。基于此，《孙权劝学》能够承载大概念任务，帮助学生掌握核心大概念。

正如黄厚江老师在《基于单元教学的文本处理策略》一文指出"没有单元意识的单篇教学和没有单篇教学的单元教学，都不可取"。厘清"大单元"教材与"单篇"之间的关系，做好单篇精细化阅读，才有可能实现文本纵向与横向之间联系，在点面结合中实现最大教学效益。

五、开发课型，激发学生兴趣

"阅读教学的课型设计，是语文教师应该掌握的重要的教学技能之一"，教师开发多种课型，如思维训练课型、自主阅读课型、朗读训练课型、名著分享课型等，利用不同课型功能来指导学生学习，可以激发学生学习语文兴趣；单一课型带给学生的是语文学习兴趣的降低。

如果准备进行小说大单元教学，可以整合部编版语文教材九年级上册第四单元和九年级下册第二单元，向小说学习动作描写、神态描写等，开设读写结合课型，也可以评论书中人物，开设辩论课型。

过于注重课型开发，为了课型而选择学习任务，也是不足取的。课型是为学习任务服务的，应该围绕学习任务来确定。例如，有教师执教九年级上册第四单元小说教学时，分别设计五个课型：先导课（了解小说知识，整体感知内容），教读课（以常见小说阅读方法精读，完成学习目标任务），自读课（运用小说阅读方法自读），探究展示课（个人或小组展示学习成果），写作课（根据写作要求完成创作并进行评改）。过于注重课型造成知识上"断链"，知识点是孤立的，而大单元教学目的是"加强知识间的内在关联，促进知识结构化"，既讲究课型，也要讲究知识间系统化、结构化。

六、慎用情境，理解学科性质

"情境化"是新课标里的关键词之一。"真实富有意义的实践活动情境是学生语文学科核心素养形成、发展和表现的载体"，"情境"作为教学形式之一，是为教学内容服务的。情境设置要贴近生活，与学生的真实生活有关，而且有趣、有用，能够引导学生积极地进行语文学习活动。同时，情境设置要结合单元目标任务，关注单元整体性，所有任务都是围绕目标、大概念进行的，以保障学生学习目标的达成，并以发展学生核心素养为目的。

例如，有教师执教《苏州园林》时，设置情境是以《苏州园林》为蓝本的，具体包括为一电子画册拟写标题（感受图画美）、提炼目录（体会结构美）、撰写解说词并完成配音工作（展示语言美），整体设计偏于形式，尽管也注重把握说明对象特征，但是忽略了单元提示中"了解文章是如何使用恰当的方法来说明的；还要体会说明文语言严谨、准确的特点，增强思维的条理性和严密性"这两点。

因此，要慎用情境化，不为"情境化"而"情境化"，并理解语文学科性质特点。

七、拓展有度，适当搭建支架

课堂拓展延伸需要适度，大单元教学下的拓展延伸更应收放自如。比如，有教师以部编版语文教材七年级上册第四单元（《纪念白求恩》《植树的牧羊人》《走一步，再走一步》《诫子书》）执教"逐光绘光"大单元教学，课堂流程是"读一读"（请学生读读节选自四篇文本的能"带给我们光的力量的句子"，体悟人物美好品质）、"品一品"（学生探究品析出示的"这些句子它们蕴含着哪种光的力量，作者又是如何描绘它们？"）、"看一看"（讲述四位伟人故事，身上的光芒）、"说一说"（用概括性的语言来绘光，用细节来绘光）。且不谈核心主题有没有问题，单看两处"看一看""说一说"虽属于拓展延伸，但显然拖沓了，拓展过多而忽视了单篇文本的语言秘妙，也是不足取的。

无论哪一种课堂形式，都需要在学生有疑之处适当搭建学习支架。比如，有教师在指导九下第一单元《祖国啊，我亲爱的祖国》朗读时，教师示范第一节朗读："'我是你河边上破旧的老水车，数百年来纺着疲惫的歌'，读'我'时可以深呼吸，稍加停顿，'破旧''疲惫'要突出，表达心情之沉重，'数百年来'声调可以扬起，表达激动之情；同理，'我是你额上熏黑的矿灯，照你在历史的隧洞里蜗行摸索'一句，'熏黑'重读，'蜗行摸索'象征着旧中国工业发展的缓慢停滞，可以采用重音延长，加重沉重的语气。'我是干瘪的稻穗，是失修的路基，是淤滩上的驳船，把纤绳深深勒进你的肩膊；——祖国啊！'这几句情感上是叠加的，语速愈来愈快，直到'肩膊'为止，'祖国啊'一字一顿，声调上扬。"

八、注重评价，增强育人意识

新课标十分注重评价。"增强日常考试评价的育人意识，注重伴随教学过程开展评价，捕捉学生有价值的表现"，建立适当的评价机制，有助于教学有效展开。

比如，对《卖炭翁》中布置"参照范例，自选一处场景和拍摄手法，完成拍摄前期设计说明"这一作业时，可以同时提供下表（表1）为评价标准的参考。

表1

序号	评价内容	评价	评价标准
1	拍摄手法与内容赏析一致	☆☆☆ ☆☆	1. 拍摄手法与内容赏析基本一致，得2颗星。 2. 拍摄手法与内容赏析一致，涉及一种，得3颗星。 3. 拍摄手法与内容赏析一致，涉及两种，得4颗星。 4. 拍摄手法与内容赏析一致，涉及三种，得5颗星
2	字数	☆☆☆ ☆☆	1. 字数25字左右，得1颗星。 2. 字数30字左右，得2颗星。 3. 字数40字左右，得3颗星。 4. 字数50字左右，得4颗星。 5. 字数60字以上，得5颗星
3	语言表达清楚、流畅	☆☆☆ ☆☆	1. 语言表达较为清楚、流畅，得2颗星。 2. 语言表达清楚、流畅，得3颗星。 3. 语言表达清楚、流畅，人物形象分析正确，得4颗星。 4. 语言表达清楚、流畅，人物形象分析正确，设计全面，得5颗星

九、精选作业，发挥评价功能

"双减"政策下的减负增效，作业设计是关键。在单元统整意识下，设计不同类型的作业能体现新课标精神，包括创设"真实活动情境"作业，学习支架是否多样且有效，作业能否促进学科素养的落实，能否与学习目标和达成评价高度一致，这些都值得去研究。比如，在执教七年级下册第三单元大主题"凡人不凡"时，在"形象与主题"小课题之下，布置"请向校刊'凡人不凡'专栏，推荐教材中人物，并为之写推荐语（300字左右）"这一作业。

有些教师在布置作业时未能考虑作业有效性和发挥评价功能。例如：有教师执教大单元下的《中国石拱桥》单篇教学，在"出示本地一座桥引入课题—学习课文的说明方法—品读说明语言"等环节之后布置了作业，即"运用所学，自主选择自己喜欢的本地一座桥，课后收集资料，并实地考察，认真撰写推荐词，进行投稿，向全国人民展示地方美"。《中国石拱桥》作为单元教学的一篇，执教者以情境任务形式，要求学生完成对本课重点知识（说明方法和说明语言）的理解。但在作业设计上出现了教学评不一致现象，如对建筑文物等介绍的推荐词，多偏向于人文历史和大致概貌的介绍，讲究文采，也就是注重语言的感染力，但没有提供范文支架，仅凭分发的助读资料，就想让学生写出来，尽管也设计了"课后收集资料，并实地考察"的作业，但没有完成作业的时间限制，没有作业评价标准提供，使得该作业注定是随便提提的作业而已。

此外，大单元教学下的课段安排也应关注科学化和递进化特点，由浅入深，前后科学勾连。

十、结语

随着教育大环境的发展，开展新课标下初中语文大单元教学成为一种必然。大单元作为培养学生语文核心素养的一个重要途径，需要教师潜心沉入文本，寻找选材之间的内在联系，确定大单元的大概念、大任务，厘清目标与学习内容，开发多种课型，带领学生深入文本语言深处去挖宝藏，去获取知识经验，"把自己理解教材的方式教给学生"，真正达成"促进学生举一反三、融会贯通，加强知识间的内在关联，促进知识结构化"。

参考文献

［1］中华人民共和国教育部.义务教育语文课程标准（2022年版）
［M］.北京：北京师范大学出版社，2022.

［2］温儒敏.遵循课标精神，尊重教学实际，用好统编教材［J］.语文
学习，2022（5）：4–10.

［3］王荣生.语文科课程论基础［M］.北京：中国人民大学出版社，
2021.

［4］黄厚江.基于单元教学的文本处理策略［J］.语文建设，2023
（21）：9–12.

［5］余映潮.余映潮的中学语文教学主张［M］.中国轻工业出版社.
2012.

［6］肖培东.基于真实学习的语文情境教学［J］.中学语文教学参考.
2023（14）：13–16.

［本文系福建省教育科学规划2023年度课题"新课标背景下初中语文大
单元教学研究"（课题编号：FJJKZX23–230）研究成果］

大单元教学下初中语文作业设计探究

一、作业设计存在的问题

作业是课堂教学的延伸，可以巩固、反馈教学内容，及时调整教学策略，是培养、提升学生综合能力的一种手段。《义务教育语文课程标准（2022年版）》在"作业评价建议"中有"作业设计是作业评价的关键。教师要以促进学生核心素养发展为出发点和落脚点，精心设计作业，做到用词准确、表述规范、要求明确、难度适宜"的表述。这就需要我们认清作业价值、功能、要求等。"双减"政策下，如何科学、合理地设计作业？大单元统整下初中语文作业需要注意哪些事项？新课标实施以来，针对上述问题，无论是专家学者还是一线教师，都进行了摸索探究。笔者在课题组认真实践、思考和大量观课、观作业设计中，发现了一些问题，现列举一二。

（一）无视统整，缺乏递进

【案例1】部编版语文教材七年级上册第一单元核心主题"品景物之美，感四季芳华"，第一课段核心任务是听读单元教材朗读音频，作业设计是任选古诗词一首，将其改写成300字微散文。

这份作业设计放在第一阶段显然不合理。单元统整下作业设计要考虑统整的特点，是与所学的课段核心任务相映衬，呈现递进特点的。

（二）无视目标，缺乏评价

【案例2】部编版语文教材八年级上册《中国石拱桥》作业设计：运用课上所学，选择自己喜欢的本地一座桥，课后收集资料，并实地考察，认真撰写推荐词，进行投稿，向全国人民展示地方美。

作为大单元教学下单篇教学，作业设计需要考虑布置目的、检测是否有实施的可能性。《中国石拱桥》作为单元教学的一篇课文，学生在完成体会说明思路、说明方法和说明语言的任务下，要完成这份没有时间限制、没有学习支架、没有评价量表的作业，显然是不合理的。

（三）无视主题，缺少支架

【案例3】部编版语文教材九年级上册小说大单元教学之后，一教师布置如下作业：

以下三项活动中可以任选一项进行。

（1）重新设计人物命运，闰土来到了21世纪的新农村。

（2）为小说续写故事，我们从哲尔赛岛回来以后……

（3）某大型国际活动前夕，闰土，于勒，杜小康三人相遇了。

以菜单任选形式，给学生自主权，第一和第二个作业设计学生没有问题，但是第三个想象作文，让三个小说主人公相遇，让很多学生茫然。缺少提示，缺少主题，天马行空反而不知从何写起。

二、解决策略

针对林林总总的问题，课题组采取了一些策略来解决问题，这些策略可以简单归纳为"一中心、两结合、三提供"。

（一）作业设计宜围绕一个中心

这个中心就是新课标精神。"课程标准是确定一定学段的课程水平及课程结构的纲领性文件，是教材编写、教学、评价和考试命题的依据。"2022年版新课标非常重视学习评价："过程性评价应有助于教与学的及时改进。教师要有意识地利用评价过程和结果发现学生语文学习的特点和问题，提出有针对性的指导意见，促进学生反思学习过程、改进学习方法。"作业可以起到评价效果，必然要发挥其功能，紧扣新课标"倡导课程评价的过程性和整体性，重视评价的导向作用"，关注学生学习的过程，及时发现学生知识短板，补缺补漏。

（二）作业设计需要关注两个结合

一是单元教学目与大单元核心主题的结合，二是课堂作业与课下作业的结合。

作业因其目的性质，注定与课堂教学内容息息相关，而课堂教学内容又是紧扣单元教学目的与大单元核心主题的，因此不能随意布置。比如，若准备针对部编版语文教材八年级下册第一单元开设"绘民俗画卷，传家乡声音"核心主题的大单元教学，则要以"民俗"为主题组建单元，要求学生注意体会作者是如何根据需要综合运用多种表达方式，感受作者寄寓的情思，品味作品中富有表现力的语言。此外，大单元教学还有一个目的是帮助学生开阔眼界，让学生见识多元的民俗现象，厘清民俗和文化的关系，增进学生对社会生活、社会文化的理解。那么设计作业也必然要围绕这两个目的，无论是文本语言特色摘抄卡、以文字或视频方式开展民间采风活动，还是手抄报、绘画、推介语等，都是讲究单元教学目的与大单元核心主题的结合。

作业不一定要在课外完成，也可以在课堂进行。作业有"瞻前顾后"的特点，要紧扣教学内容，前有预习，后有巩固。课堂上的问答也是作业，学生思考就是培养思维能力的作业，让学生敢于开口就是培养表达能力的作业。课堂书面作业也是可以进行的。课堂教学与练习是一体的，所有练习都紧紧围绕课文而设计，它对课堂教学起一种指导作用。上课时将一些问题自然而然地解决，课上完了，学生大部分练习也就解决了，把少量的真正能够锻炼学生综合语文能力的练习留给学生自主完成。比如，针对《西游记》导读作业，课前可以布置让学生勾选自己喜欢的篇目并说明理由，课堂小组交流形成方案并配上插图，课后小组汇编成册。

三、作业设计要注意三个提供

（一）提供菜单式分层设计

"学生的知识水平存在一定的差异性，因此在进行练习设计时，我们应当找准学生的最近发展区，设计适合不同水平学生的练习"，满足不同学习程度学生需求，激发学习兴趣，让不同层次的学生体验成功的快乐或者找到自己知识短板，尊重学生个体差异，以最大限度发挥学生的主观能动性，不搞"一刀切"。不单单是单篇教学时作业设计要讲究的，大单元教学同样要讲究。例如，部编版语文教材九年级下册第六单元（《曹刿论战》《邹忌讽齐王纳谏》《出师表》）的大单元核心主题是"学习说话的艺术"，教师设置的作业任务清单如下。

初级挑战（必做）：

（1）能清楚、流畅地读，写出易错字。

（2）积累常见文言词语，理解词语古今差异。

中级挑战（任选一题）：

（1）从谏言背景、谏言者身份，谏言主要内容，劝谏意义等方面比较。

（2）从劝谏对象、劝谏方式、劝谏效果等方面比较。

高级挑战（选做）：

中国历来有许多以天下为己任的谏言者，选择你喜欢的一位谏言者，为他写一篇推荐语（说清劝谏了哪些事，是如何劝谏的，有着怎样的精神），字数500字左右。

这份作业设计中"初级挑战"属于基础等级，需要全体学生完成，毕竟这一单元是文言文单元，这两个任务体现了新课标"阅读浅易文言文，能借助注释和工具书理解基本内容。注重积累、感悟和运用，提高自己的欣赏品位"的要求。"中级挑战"属于发展等级，考查学生比较、探究能力，在完成过程中汲取古人智慧，学习劝谏艺术。"高级挑战"属于提升等级，推荐古往今来的谏言者，是对初中古诗文学习的一个总结，适合小部分学生。

菜单式分层作业设计，既有对能力较弱学生的训练，也考虑到大部分能力尚好的学生，还观照到小部分学优生提升空间。

（二）提供科学评价量表

有些作业适宜提供科学合理的评价量表，学生可以自评，可以小组评，也可以教师评、家长评，实现评价主体多元化。例如，部编版语文教材九年级下册第一单元诗歌大单元教学时布置学生自主选择新诗进行朗读，可以提供如下评价量表（表2）。

表2

评价标准	个人自评					小组互评				
	5分	4分	3分	2分	1分	5分	4分	3分	2分	1分
朗诵内容：选材得当，主题鲜明，积极向上										
语言表达：普通话标准，语言流畅，语速、语调、语气把握得当										
仪表风范：服装整洁，仪表大方，表情动作恰当										

评价量表也可以是大单元教学结束之后对所学内容的评价反馈，如对部编版语文教材七年级下册第四单元"学习略读的方法"这一核心任务的评价表可见表3。

表3

评价标准	完全掌握	基本掌握	部分掌握	没有掌握
能够抓住标题主要信息				
能够归纳文章主要内容				
能够准确区分评价性语句				
能够找到总结性、过渡性语句				
能够归纳文章写作方法				

教师根据学生填写情况，及时对教学进行调整。这点也是符合新课标"要对学生作业进行跟踪评价，梳理学生作业发展变化的轨迹，及时反馈不同阶段作业质量的整体情况"的要求的。

（三）提供有效学习支架

有时候学生作业完成情况不尽如人意，其中一个关键因素是教师没有适宜提供学习支架。"语文的使用是一种技能、一种习惯，只有通过正确的模仿和反复的实践才能养成。"为了帮助学生更好地理解或者提高作业质量，需要教师预设在学生困难处提供一把梯子，也就是学习支架。

比如，部编版语文教材九年级下册第一单元新诗单元，作业设计除了在鉴赏方法、朗诵方法上增加难度外，可以是朗诵脚本的形式。可以给学生示范一首《梅岭三章》第一章：断头今日意如何？创业艰难百战多。此去泉台招旧部，旌旗十万斩阎罗。第一句面对"断头"的艰险，诗人对以"意如何"的豪迈自语，毫无畏惧之感；第二句是回望峥嵘岁月，身经百战，读来有沉入往事之感，重读"艰难""多"，语速缓慢，要读出沧桑；最后两句是诗人的雄奇想象，意思是即便到了阴间也要重新集结牺牲的部下。"此去泉台"要读出慷慨潇洒之感，"招旧部"语气要坚定，"旌旗十万"表达我军浩荡，要读出雄浑之气，"斩"字重读，读出对敌人的痛恨，"斩阎罗"三字可以一字一顿，使得整首诗歌在磅礴气势中收尾。

又如，部编版语文教材七年级上册第三单元中教材展现不同时代、不同国别少年儿童的学习状况和成长经历，也呈现了不同教师形象，可以整体设计为"成长之光，师恩难忘"，在作业设计上可以参照单元写作任务"写人要抓住特点"中肖像漫画的手法，为爱因斯坦或者鲁迅配上文字解说，可以提供梁实秋先生《我的一位国文老师》节选部分"他的相貌很古怪，他的脑袋的轮廓是有棱有角的，很容易成为漫画的对象。头很尖，秃秃的，亮亮的，脸形却是方方的，扁扁的，有些像《聊斋志异》绘图中的夜叉的模样。他的鼻子眼睛嘴好像是过分的集中在脸上很小的一块区域里。他戴一副墨晶眼睛，银丝小镜框，这两块黑色便成了他脸上显著的特征"作为示例。

四、作业设计要关注五个方面

作业设计关注精简化、多样化、生活化、情境化、创新化五个方面，以提高设计质量。

（一）精简化

在实际观课中，笔者发现很多教师还是会布置较多作业，认为在语文学科被学生边缘化的今天，唯有用题海战术方能在众多学科中立足。"教师要严格控制作业数量，用少量、优质的作业帮助学生获得典型而深刻的学习体验"，从数量减少入手，提高设计质量。2021年7月24日中共中央办公厅、国务院办公厅印发《关于进一步减轻义务教育阶段学生作业负担和校外培训负担的意见》，正式提出"双减"政策。这要求我们语文教师科学、合理设计语文作业，让更多学生热爱语文，热爱祖国语言文字，提升语文核心素养。

（二）多样化

书面作业与口头作业相辅相成。传统的书面作业有默写与抄写、阅读与摘抄、朗诵与演讲，写作与手抄报等，近几年的查阅资料、思维导图（教材中多篇课后习题有涉及）、调查报告、观察笔记、实践活动、配乐配图、微信朋友圈等，具体形式丰富多彩、自由活泼。对作业形式采用是否得当，可以反映教师教学智慧，更可以考量学生综合素质表现。比如，初中强调对文后"读一读写一写"的字词抄写，这是常规作业，识记汉字的音、形、义，必须年年讲、月月讲、日日讲。老一辈语文教育家陈日亮老师对学生字词预习要求是："拼音要注在字头上；辨字与释词统一在常规格式里，如，缅怀［缅，miǎn：追想（以往的事迹）。缅：遥远。缅想。缅不等于湎（沉湎：沉溺）］。释词一般要写出课文例句。"养成习惯之后，不愁学生错别字多，小语段扣分了。

（三）生活化

"没有学生生活经验的课程与课堂是贫血的，缺乏学生真实体验的学习是苍白无力的。"新课标倡导"加强知行合一、学思结合"，教师要创设真实的学习情境，围绕识字与写字、阅读与鉴赏、表达与交流、梳理与探究等实践活动设置动态的任务，倡导更多地用问题导向、亲身体验的方式来设计语文实践性作业。要减少模式化作业，严格控制书面作业，合理安排不同类型作业的比例。比如，说明文大单元学习之后，可以进行产品推销词写作。空谈理论肯定收效甚微，可以"做中学，学中做"。布置学生义卖活动，要求学生必须提前写好推销词。课堂进行义卖吆喝，根据现场状况来看，多数学生推销词出现这些问题：①煽动语太多，华而不实。②产品特点没有准确抓住。③用语不规范、准确。接着出示范例要求学生参考对照，进行二次修改："同学们，今天我义卖的这盏多功能台灯外形美观，设计精巧，它配有小猫形状的笔筒闹钟，不仅能为学习提供照明，又兼有收纳学习用笔的功能，使用便捷，物美价廉，值得大家购买。"

（四）情境化

实践证明，很多学生喜欢课本剧演出。比如，《穿井得一人》的教学与其让学生复述故事，不如让学生来演绎故事；《变色龙》《孔乙己》等大单元小说的教学，也是如此，可以让学生改编，演绎某个片段或者全文，让编剧说剧，让角色谈剧，让观众评剧，比起单纯分析、讨论，效果更好。

（五）创新化

《论语》有云："知之者不如好之者，好之者不如乐之者。"让学生保持作业新鲜感的一个秘诀就是实现作业的创新，作业设计要与教学内容相关，可以独立完成，也可以小组接龙、合作完成。开展走进鲁迅作品大单元学习的过程中，可以设计一份作业：如果鲁迅先生要建一个名为"温馨的回忆"的微信群，你觉得可以邀请《朝花夕拾》中的陈莲河、长妈妈、藤野先生、衍太太中的哪个人物入群，请说明理由。这份作业其实就是考查学生对人物性格的理解，加上微信这一形式引入，贴合时代。又如，进入九年级，可以让学生自行备课，以小组为单位，进行大单元学习汇报，实行"兵教兵"模式。

"能针对学习和生活中的问题，开展跨学科学习，根据需要策划创意活动，从相关学科材料中搜集资料，整合信息，发现解决问题的线索"，"跨学科"也是新课标中的一大热词。设计必要、有效、有度的跨学科作业，可以为教学内容赋能。例如，部编版语文教材七年级下册第五单元选编了两篇状物散文、两首抒情外国诗和五首古代诗歌，根据单元要求，本单元整体设计的核心任务是"听听我与花的故事"主题征文，这一核心任务是写作，其中第一课段需要学生分类、比较五首诗歌的主题、写作手法，完成《花语》诗集的选编，可以让学生手绘设计一份作品集封面，便是与美术学科的融合；也可以设计从单元中任选一篇，自选配乐，录制朗读音频，便是与音乐学科的融合。在跨学科作业设计时，"别耕了别人的田，荒了自己的地。"语文学科立场鲜明，真正聚焦语言运用，让其他学科都能赋能语文，这便是跨学科作业设计的意义所在。

五、结语

综上所述，"双减"政策下的减负增效，作业设计至关重要，大单元教学下设计作业，更应重视紧扣新课标精神，紧扣教学内容，考虑学生需求，以及作业的针对性、有效性、创新性。此外，要关注任务群作业设计，过程性评价多元化，如何进一步完善作业评价标准和反馈工具，等等，让学生从中获取更加丰富的反馈信息，提升语文综合素养水平。

参考文献

［1］中华人民共和国教育部.义务教育课程方案（2022年版）［M］.北京：北京师范大学出版社，2022.

［2］章新其.语文命题技术研究［M］.杭州：浙江教育出版社，2022.

［3］吴忠豪.小学语文课程与教学论［M］.北京：北京师范大学出版社，2008.

［4］吕叔湘.关于语文教学的两点基本认识［J］.语文建设，1963（4）：1-6.

［5］林高明.教育家如何评课［M］.福州：福建教育出版社，2020.

［本文系福建省教育科学规划2023年度课题"新课标背景下初中语文大单元教学研究"（课题编号：FJJKZX23-230）阶段性研究成果］

简约性：初中古诗词群文阅读教学的关键

——有关课外古诗《夜雨寄北》
和《十一月四日风雨大作》整合教学思考

　　群文阅读教学是近几年语文阅读教学的一个热点教学组织形式，在语文报社调查发布的"2019年度语文教育十大关键词"中位居榜首。群文阅读将内容、写法、主题相似或相反的文章放在一起整合阅读，从意象、情感、表现手法、同一诗人作品、同一流派、同一主题风格等方面进行整合比较，可以是一篇带多篇，课内多篇，课外多篇等，可以在教材内外出出入入，可谓花团锦簇、气象万千。群文阅读对于培养学生思维有很大作用，对语文教师来说极具挑战性，但两年以来，很多一线教师在阅读教学中仍以单篇（首）教学为主，不敢尝试群文阅读，怕吃力不讨好，或者尝试了但是出现了一些问题，产生了困惑。笔者以自己上过的一节有关课外古诗《夜雨寄北》和《十一月四日风雨大作》的整合教学课为例，具体谈谈个人对初中古诗词群文阅读的一些思考。

一、取舍不当之原因

　　《夜雨寄北》和《十一月四日风雨大作》处于部编版语文教材七年级上册第六单元课外诵读部分，两首都是经典诗歌。笔者的教学过程大致如下：第一环节"识读"，在学生齐读之后，按知识链接的有关节奏、声音语调等，师生共读，再请学生说说诗歌大意；第二环节"赏读"，学生在小声朗读教材赏读部分文字之后，一起完成表格，表格从写作背景、结构思路、表现手法、感情变化等角度比较异同；第三环节"演读"，即表演朗读。

教学实际情形是课堂节奏前松后紧，对第二首的感情变化没有分析完，匆忙下课。尽管笔者有意示范和引导第一首的阅读方法，但是学生最终有没有达到预设结果也就是有没有运用第一首学到的知识去学习第二首，没有建立在课堂观察的基础上，无法考量，不得而知。出现以上问题的原因如下。

1. 选文功能不明确，定位不明晰

选文的功能也就是文本用来做什么，是我们阅读教学的出发点。王荣生教授在《语文科课程论基础》一书中将语文教材的选文类型划分为四种：定篇、例文、样本、用件。这里不对定义一一展开，可以肯定的是，古诗词不可能作为"样本"和"用件"，只可能是"定篇"和"例文"，《夜雨寄北》和《十一月四日风雨大作》是课外诵读的古诗，显然作为定篇不合适，而"例文"在主题集中上发挥优势。本节阅读课，笔者定的主题是"雨中情意知多少"，也就是两首诗都是在雨夜这一特定时间背景下，因为诗人各自身份背景而产生不同感情，教学落点放在这里就是本节课的关键了。其他地方就无法一一涉及，如第一环节和第三环节，对古诗词的朗读指导就不是本节课的重点，至于"演读"，可以视情况而定，时间充沛，以此结束，未尝不是豹尾。

2. 教学取向不明确，定点不明晰

学生和教师都是读者，是文本阅读的消费者，而教师作为第一消费者，也是推销者，教师需要把自己理解教材的方式教给学生，要让学生学到什么，就要明白学生需要学什么。学生阅读这两首诗歌，结合课下注释和赏读部分，读懂诗歌意思不难，难在他们不一定会去思考两首诗歌在表达各自情感时采用的表现手法，或者他们压根儿没有意识到学习古诗歌的目的。七年级学生入学以来已经学习了数首古诗，应考虑如何在他们现有的古诗词学习经验的基础上，进一步培养他们的思维，激发他们的代入感以及爱国情操。也就是说学生通过本节课，需要弄清楚的是诗人们是如何表达自己的情感，以及理解诗人的家国情怀。

二、简约性是阅读教学的关键

课堂是教学的主阵地，"阅读教学是以能力培养为归宿，以思维和语言训练为核心，以包括课外阅读在内的丰富的阅读活动为基本内容的"，能力的培养，思维和语言的训练一定是建立在简约的基础上循序渐进的。笔者认为，在初中古诗词教学中追求简约性，十分必要。

1. 可以使教学内容更加合宜、集中

著名教育家于漪老师认为剪裁教学内容，可以使重点突出、主次分明，详略得当。课堂上任何的旁逸斜出，都有可能使学生陷入云山雾罩之中。王荣生教授认为一堂好课的最低标准是要有合宜的教学内容，他提出两个最起码的要求："一是教师对自己的教学内容要有意识，即知道自己在教什么，并且知道自己为什么教这些内容；二是一堂课的教学内容要相对集中，使学生学得相对透彻。"古诗词有其自身的魅力，因此是否能引导学生感受语言文字的美妙之处，是否能帮助学生解开诗词意境的内隐性，对教学内容正确与否来说至关重要。如果把上一节课比成写一篇文章，同样要讲究重点、详略等，但课堂时间有限，总不可能面面俱到，什么都讲。

2. 可以促使教师的"教"与学生的"学"协调发展

教学内容确定好之后，课堂要面临的就是教师的"教"与学生的"学"之间的协调了。只有教学内容集中了，课堂简约了，教师才能对学生有的放矢。古诗词群文阅读中，想让学生掌握的是表现手法还是炼字技巧，是描写技巧还是主题思想，是作者的抱负理想还是时代的风云记录，等等，这些都需要建立在教师对课堂的整合的基础上。

3. 可以使学生的思维训练更加有效

传统的古诗词教学形式单一，培养的是学生的聚合思维，而群文阅读的一个优势就是可以开阔学生的视野，发散学生的思维，体现在古诗词群文阅读中，就是对文本进行横向与纵向的比较，考量的是学生思维的发散性、辩证性、创造性、多元性、丰富性和拓展性。

基于简约性原则，笔者对原来的教学流程进行重新设计：以主问题即

"雨中情意知多少"贯穿始终——你读懂了诗歌各自抒发什么情感了吗？它们又是如何表现出来的？至于写作背景、结构思路、表现手法等小问题其实是可以在主问题的引领之下巧妙穿插的，包括诗歌朗读，也是建立在对内容理解的基础上进行的。

可以看出删减之后，本节课的主题更加明确了，学生紧紧抓住情感进行深度挖掘：两首诗歌的写作背景以及诗人的心境是迥然不同的，一个是在巴蜀羁旅之中，对妻子极度思念，一个是生不逢时，空有报国之志，难以施展抱负，雨夜梦中实现金戈铁马、驰骋战场的夙愿；在结构思路上，两首诗明显都走"眼前—想象"之线路；表现手法上都有虚实结合；都有感情变化。

可以看出删减之后，本节课的节奏更加紧密了，课的容量得以优化，实现课堂价值的最大化了。主问题贯穿，讲究问题的简约性，应是初中古诗词群文教学的关键所在。

三、建立在简约性上的初中古诗词教学要遵循的要求

追求课堂的简约性是十分必要的，但不能为了追求简约而抛却以下原则。

1. 对群文阅读教学内涵的正确理解

在众多专家学者对群文阅读内涵理解中，笔者认为倪文锦教授的较为客观、全面，他认为："群文阅读教学，就是教师在一个单位时间内指导学生阅读相关联的多个文本，通过梳理整合、拓展联系、比较异同等，促使学生在多文本阅读过程中关注其语言特点、意义建构、结构特征以及写作方法等，从而使阅读由原来的读懂'一篇'走向读懂'一类'。"在古诗词群文阅读教学中，要从单首走向"一类"，从而使学生获取更加有效的学习经验，更加热爱璀璨无比的古诗词文化。可以是同个作者的不同作品比较整合，比如李清照的；可以是同个主题的，比如爱国、闺怨、贬谪、借古怀今的等；可以是同一意象，古诗词中的雨、花、杜鹃等。

2. 教师要有一定的文本解读与课堂驾驭能力

教师是课堂教学的总舵手，教师的经验阅历、思维习惯等影响着教师的

文本解读与课堂驾驭能力。教师只有对文本领悟得深，才有可能对教学内容做好取舍。《夜雨寄北》的语言美感，现实与未来的相互烛照，今夜相思之深与未来重聚之乐，都凝聚在28个字里，越嚼越有味；《十一月四日风雨大作》的感人至深，在于一个病入膏肓气若游丝之老人，对国家的拳拳之情。如何在两首诗歌之间建立议题，找到关注点，那就靠教师自身的理解了。笔者备课时发现两首都有"雨"这一诗歌经典意象，都抒情，李商隐的个人相思情，陆游的爱国情，学生必然能发现。教师课上要带领学生去寻找情感的抒发在古诗词中惯用的写法，找到钥匙，并能在今后的古诗词学习中用上，真正做到得法于课内。

3. 建立在学段学情基础上合理采用

拔苗助长或者过分低估学生都不利于课堂有效性的开发，针对每个学段学生特点（包括思维特点和心理特点），结合执教班级的学生阅读情况，经过一段时间的积淀准备，在合适的时间里采用一定的方法。就像笔者执教的这节公开课，假如一入学，就对七年级学生来个古诗词群文阅读教学，显然是行不通的。针对生源较差的班级，应经过一段时间的古诗词教学后，帮助学生从寻找议题开始，包括写法、情感等，从易到难，使学生品尝发现诗词美的喜悦，增强学习古诗词的信心。

4. 学生要养成认真预习的习惯

陈日亮老师非常重视初中学生的习惯养成，他认为"语文教学要实现高效能，除了不能偏离课程多固有的思想文化教育的大方向外，还必须把课程训练目标确定为'掌握方法和培养习惯'，把教学基本方法确定为'辅导自学和历练自学'，也就是初中重在循规蹈矩，培养习惯；高中重在辅导自学，历练成习"。在古诗词群文阅读教学中，同样离不开学生的预习，建立在利用现有资料，读懂诗歌内容的基础上，有了初步分析、判断，课上才能更好地对自我建构进行总结和升华。

参考文献

［1］于漪.于漪语文教育艺术研究［M］.济南：山东教育出版社，1999.

［2］王荣生.听王荣生教授评课［M］.上海：华东师范大学出版社，2010.

［3］蒋蕾，钱加清.群文阅读教学实施过程研究述评与展望［J］.福建基础教育研究，2020（7）：38-41.

［4］陈日亮.我即语文［M］.福州：福建教育出版社，2013.

拎准群文议题，做足问题设置

　　群文教学阅读相对于传统单篇阅读教学而言，在单位时间内通过整合的多个文本，培养了学生梳理整合、归纳比较、拓展延伸等能力，成为落实新课标有关培养学生语文核心素养能力的一种阅读教学策略。课题以群文"1+X"形式，在部编初中语文教材"1"基础上，甄选、整合课内外多个文本，从而使阅读由原来的读懂"一篇"走向读通"一类"，最大限度地激发和培养学生的思维能力，提高学生的语文素养。

　　课题实施近两年以来，发生在师生之间的变化明显：就教师而言，从对群文阅读教学持观望态度到自觉地参与并享受课题开展过程，从满足单篇阅读教学的按部就班到积极寻找群文阅读教学点，摸索并形成群文阅读教学的方法、策略、评价等；就学生而言，阅读广度与深度扩大了，思维空间拓展了，学习主动性提高了。师生之间通力合作进行集体建构，不断碰撞思维火花，在某种意义上实现了教学相长的理想效果，体现了语文新课标倡导的核心素养理念。

　　我们发现，群文阅读有三大步骤，即确定议题、甄选文本、师生建构。议题是起点，是基础，是文本甄选和师生课堂建构的依据；文本甄选是灵魂，与传统阅读教学的单文本相比，多文本的组合至关重要，文本之间有关联点；师生建构体现在课堂对话，共议共享多文本秘妙，培养学生思维的多元性、丰富性、拓展性等。其中关键处有两个：一是教学点，也就是议题，二是问题设置。现结合成员举行的三节公开课，谈谈个人对两个关键处的看法（表4）。

表4

	第一节《浣溪沙》《如梦令》	第二节《浣溪沙》《如梦令》	第三节《采桑子》《如梦令》
教学流程	任务一：为你读诗。（学生个读，齐读，明确朗读技巧）任务二：合作悟诗。小组合作讨论：1.词中写了哪些景物？谈谈你对它们的初步感受。2.词人在写作中运用了哪些手法？有什么作用？3.词作表达什么情感？任务三：为画题诗。任选课件上的一幅画，运用情景交融的手法，为其题三行诗，要求内容与画相符	环节一：知人论世。寻找晏殊与李清照经历的同与异，圈画婉约派风格关键词。环节二：齐读后，分组讨论从红色字中（"新""旧""夕阳西下""花落去""燕归来""独""日暮""沉醉""兴尽""争渡"）获得了哪些信息？环节三：1.用简洁的语言分别概括两首词内容。2.说说两位作者此时的心情和性格特点。3.填写表格（略）。（围绕意象与情感设计）	任务一：诵——词之韵。首先学生选择喜欢的方式自由大声朗读，个读，学生点评，之后简单概括两首词的内容，接着以表格的形式比较两首词作者们选取了哪些景物？相同的景物是什么？由此发现"舟"是共同选取的意象。最后讨论发言"这都是一只怎样的舟"，要求结合句子分析。任务二：悟——舟之心。根据链接资料，探究欧阳修和李清照的境遇以及快乐来源。任务三：书——舟之思。按照老师提供的诗歌一节，学生模仿写几行诗

一、拎准群文议题，讲究"四性"原则

群文阅读教学打破单篇教学传统，以"1+X"组合形式进行了创新，拓展阅读量，对师生都是挑战。而面对丰富多样化的文本，教师可挖掘哪些议题、如何根据学情和文本特质确定议题也是教学点。教师首先要深研文本，没有对文本的读通读透，就无法以适合议题展开对多个文本的搜索和选择，也无法在多个文本之间进行比较思维等多重训练。所以，从文本到议题，再到课内外资料选择，最后形成教学设计，进行课堂教学，这一系列过程就像多米诺骨牌，其中一个环节出现问题，课堂教学就可能是低效甚至是无效的。那么，议题选择需要遵循哪些原则？

1. 适合性

文本素材必须适合学生年级特点和具体任教班级学情特点，表4中文本都来自部编八年级上册教材第六单元课外古诗词。古诗词作为中华优秀传统文化之一，散发着无尽魅力。无论是晏殊的《浣溪沙》，上阕写眼前景，抒发光阴流转、物是人非的惆怅，下阕说世间理即美好事物消长带来的惋惜伤感与通达欣慰之情，还是李清照《如梦令》这一洋溢着少女时期明媚、欢快生活气息的小令，或是欧阳修《采桑子》中歌咏的西湖美景，这三首词在写景状物、意象情感等方面，对于八年级的学生来说，完全可以进行群词教学，甚至，对于语文素养水平较高的班级，可以是三四首诗词进行。

我们课题开发的其他教学设计以部编教材为依托，以单元为单位，学习过同一作者不同文本类，如《从容散淡，悠然恬然——〈昆明的雨〉群文阅读》；学习过同主题文本类，如《〈庭中有奇树〉——闺怨诗群文阅读》；学习过整本书中的群文阅读如《〈朝花夕拾〉群文阅读》；等等。针对不同生源，学生反馈极好，说明议题与文本的结合具有适应性。

2. 统领性

议题确定后，不等于可以诠释"群文"之"群"。表4中的第二节明显是单首教学的叠加，尽管环节一从"知人论世"入手，寻找了晏殊与李清照经历的同与异，也在环节二从意象里找关键信息，但是已经进入误区了：多个文本放在一起就是"群"，缺少议题统领性。

比如，杜甫诗《春望》，若与《月夜》《闻官军收河南河北》两首结合，如何做到议题统领性？可开设《一"望"情深——杜甫诗歌〈春望〉群文阅读》，以"望"字统领，比较三首中虚虚实实的"望"，引导学生感受其中真真切切的情。

又如，部编语文教材八年级上册《人民英雄永垂不朽》，可与《梦回繁华》进行群文对比，议题就是事物说明文的语言风格，课堂就是围绕语言风格进行；《壶口瀑布》，可加入莫伸的《壶口，壶口》和苗培兴的《我从黄土高原走过》两篇，引导学生在比较中感受不同作家对壶口瀑布相似的情感及不同的写作手法，同时开阔视野，积淀素养。

3. 梯度性

议题选择要呈现递进。在"1"篇的统领下，七年级初始阶段，可结合小学的；到八年级，可以联系七年级的。以此类推，可以从课内到课外的。表4中的三节课，就课堂流程难易度而言，第一节课和第三节课又呈螺旋式上升；就文本选择而言，可以将《如梦令》放在另一首词之前。

对于课外古诗词，应对教材进行开发利用，建构起初中阶段整体诗歌教学系统树。比如，一首八年级上册的《赠从弟（其二）》，咏物诗歌之一，诗人刘桢"借松柏之刚劲，明志向之坚贞，对堂弟寄寓了无限期望"，考虑到学生已积累的古诗词知识，有必要对咏物诗歌进行专题欣赏，可以结合学生小学阶段学过的《石灰吟》《竹石》《咏柳》，以及咏物诗经典唐代罗隐的《蜂》和元稹的《菊花》等，使课堂呈现梯度性。

4. 平衡性

"平衡"是对"1+X"文本的课堂比例平衡上，要考虑哪篇"1"适合"1+X"群文阅读，何时适合安排群文阅读，如何寻找单篇（首）与"X"或者整本书之间的平衡点，等等，使阅读教学能够走向系统化，具有一定的连贯性和可操作性。表4中的三节课以两首词为对象，在课堂时间分配上，平衡性都能顾及。

以对部编语文教材八年级上册第一单元新闻进行群文阅读为例，可以将《首届诺贝尔奖颁发》《"飞天"凌空》《一着惊海天》《国行公祭，为佑世界和平》整合起来，安排第一课将《消息二则》作为定篇教学，了解新闻体裁、结构、六要素、语言等，第二课时可对后四篇新闻进行整合群文教学，布置学生设计几张表格，从体裁、时效性、篇幅、表达方式、情感态度、主要内容等方面进行比较，第三课时重点分析新闻语言及结构。

二、精妙设置问题，实现"四性"融合

议题确定了，不等于群文阅读教学走向有效，需要在"问题设置"这一群文之"群"的灵魂时，关注以下"四性"。

1. 课程性

阅读教学首先要有课程意识，问题设置要体现教师对课程意识的理解。新课标在课程目标上强调语文课程围绕核心素养，也强调了"核心素养的四个方面是一个整体"。

此外，还应考虑教材属于王荣生教授对语文教材选文分四大类中的哪类，表4中第三节所用教材为部编语文教材八年级下册的课外诵读诗歌，应属于"例文"。"例文本身不是语文课程内容的构成，它属于'用什么去教'含义的语文'教材内容'。"三位教师紧扣新课标"阅读与鉴赏"中对古代诗词的建议"注重积累、感悟和运用，提高自己的欣赏品位"，都能发挥出例文"将本来含有无限可能性的诗文，限制在一个特定的侧面、特定的点来作为例子"，对两首词进行了"重构"，以群文形式，抓住诗词赏析的几个关键点"意象""情感""表现手法"，厘清、理顺"意象""情感"之间的关系，体现"语文课程肩负着培育文学、文化素养的重任"这一课程特点，体现了新课标"发展思维能力，提升思维品质，形成自觉的审美意识"的要求。

2. 整合性

如果说课程意识是阅读教学骨架，那么整合性就是对骨架质地的考量。诗词的"群"的教学内容可以是同作者不同作品，或者不同作者不同作品，不同流派不同作品，等等，这些教学内容范围的确定倒不是难事，难点在于"群"的议题选择，要化为具体的"整合"，正如"青春语文"倡导者王君老师所言"群文教学最基础的思维特质是'同类信息敏感'，最基础的操作方法是'同类信息整合'"，但是在"整合"时，容易出现以下几种情况。

一是题干设计不太规范。新课标要求题干设计"主观题题干要简洁、明确，便于学生捕捉问题的核心信息"，有些问题设计太泛，则不利于学生捕捉核心信息，如第二节课环节二第一个问题，要求学生谈谈从红色字获取信息，什么信息？是"新"与"旧"的对比，"夕阳西下""花落去"等意象传达的无奈落寞，还是"沉醉""兴尽""争渡"带来的天真、愉悦？或者是词中创设的氛围？诸多疑问导致课堂学生发言泛杂，看似学生思维大开花，但是发言涉及的画面、情感等，与环节三的问题2与问题3重复，不得不说是遗憾。

二是设置呆板，可能深受考试题型影响，如第一节任务二的三道题目，"哪些景物""哪些手法""有什么作用""表达什么情感"，这些试题命制专用语言深深影响着许多一线教师。

三是贪多，面面俱到。归根结底是执教者对"群"的理解不透。在议题统摄下，聚焦于一个点，深挖下去，才有可能达到教学的"桃花源"。

尽管第三节课中也有出现和第二节课类似的题干信息，但这些问题都是为主问题服务的，以表格的形式让学生去寻找、比较、发现两首词中选取的相同的一个意象。群文阅读教学需要整合，需要比较，正如俄国教育家乌申斯基说"比较是一切理解和思维的基础，我们正是通过比较来了解世界上的一切的"，在比较中，学生发现"舟"是共同意象，培养学生求同存异思维，于是顺理成章提出要求结合句子分析同一问题。这一问题既是"整合"两首词的情感相同点，又为下一环节"探究欧阳修和李清照的境遇以及快乐来源"服务，问题设置极具灵动之美。在螺旋式上升的问题设置中，不断聚焦整合，体现执教者对两个文本的深刻解读。

3. 灵动性

在单篇阅读教学中，一部分教学流程开始程序化（作家作品介绍，生字词梳理，内容段落理解等），群文阅读教学同样也会出现这种固化程序。如果说"整合"是课堂骨架，那么，问题设置呈现"灵动美"就是课堂的灵魂。以上分析的第三节课中执教者问题设置相较于前面两节更具整合性，通过对教学内容的大胆取舍，能使课堂更有灵动美。

我们来看王君老师对部编版九年级上册第25课五首词的群文教学，看看她的问题设置如何呈现灵动美。该课的教学主题是：问君能有几多愁？第一节课课堂初始请学生自由地把五首词大声朗读一遍后，要求学生以愁为分类标准，对五首词进行简单分类。接着进入第二次整合，体会两位女子的愁，她们各自为何而愁？哪个女子的愁更重？要求紧扣关键语句来验证。最后是品味两首词在具体描绘愁时的艺术表现手法。第二节课探讨三位男子的愁，谁的愁最重，谁的愁稍轻？同样要求紧扣词句来验证，从而得出女子之愁有凄凉之美，男子之愁有苍凉之美。王君老师能在这内容迥异风格不同的文本之中，找到表达情感的共通之处，几次创造性整合，多维度赏析，这样的主问题设置充满着灵动之美。

4. 拓展性

要围绕议题确定拓展内容。拓展是不是一定在课堂结尾？群诗教学是不是一定要上升到写作？是不是所有文本都适合写作？这些问题都要作出解答。在拓展时机上，三节课都不约而同安排在最后，内容都指向写作，无论是当堂写诗，还是课后写小作文。

王君老师早在21世纪初就已经进入群文阅读领域，她的阅读教学案例在拓展时机上，多为课堂中间，课堂结尾；在拓展内容上，旧知与新知皆有；在拓展形式上，丰富多样。在"大美为美"（部编版七年级上册第二单元的《诗词五首》）的群诗教学中，课堂初始巧用《天净沙·秋思》插图，质疑插图，让学生对曲中的意境与情感有了了解，引出中国古代审美的两种境界：小美和大美。王老师以旧知即学生熟悉的诗词句子来引导学生判断"小美""大美"的区别。讲到《观沧海》，师生一起感受到曹操主宰江山舍我其谁的气概之后，又请学生朗读拓展材料上伟人毛泽东的散文诗。课堂结尾让学生举出熟悉的具有"大美"之美的诗句，接着告诉学生议题取名由来，体悟"大美"，才能走进中华文学的灵魂深处，最后请学生朗读《登幽州台歌》《关山月》《狱中题壁》。其他课例就不一一列举。

可以说，群文阅读教学已成为一种趋势，它使课堂教学更加丰富，使学生思维能力、审美意识等都得到了发展，只要找准议题，确定好教学点，再在问题设置上做足功课，就可以让课堂达到深邃宽广的境界。

参考文献

［1］中华人民共和国教育部. 义务教育语文课程标准（2022年版）
　　［M］.北京：北京师范大学出版社，2022.

［2］王荣生.语文科课程论基础［M］.北京：中国人民大学出版社，2021.

［3］王君.更美语文课［M］.武汉：长江文艺出版社，2022.

［本文系福建省莆田市教育科学"十四五"规划2021年度课题"初中语文'1+X'群文阅读教学实践研究"（课题编号：PTKYKT21106）研究成果］

群文阅读教学"四结合"

——以《〈赠从弟〉（其二）——咏物诗群文阅读》教学设计思路为例

相对于传统的单篇阅读教学，无论是阅读的宽度、深度，还是落实学生语文核心素养能力等，群文阅读对于构建语文阅读整体教学起到至关重要的作用。现以部编语文教材八年级上册第三单元课外古诗《赠从弟（其二）》前后教学设计思路修改为例，谈谈群文阅读教学要注意的"四结合"。

表5

教学设计（初稿）	教学设计（定稿）
教学重点：咏物诗的表现手法。 教学难点：托物言志与借景抒情的区别。 一、导入 1. 学生背诵《石灰吟》《竹石》《咏柳》。 2. 引出《赠从弟（其二）》。 二、分析与比较 （一）检测预习 1. 说说《赠从弟（其二）》诗歌大意。 2. 理解写作意图	教学重点：咏物诗的表现手法。 教学难点：托物言志与借景抒情的区别。 一、导入 1. 学生背诵《石灰吟》《竹石》《咏柳》，发现内容上属于"咏物诗"。 2. 引出《赠从弟（其二）》。 二、分析与比较 （一）检测预习 1. 说说《赠从弟（其二）》诗歌大意。 2. 发现标题与内容之间的矛盾，理解写作意图

教学设计（初稿）	教学设计（定稿）
（二）鉴赏比较 1. 自行设计表格比较四首咏物诗。 2. 咏物诗歌采用的艺术表现手法有哪些？重点讲解借景抒情和托物言志。 三、拓展与夯实 学习唐代罗隐的《蜂》和元稹的《菊花》，判断是借景抒情还是托物言志。 四、作业布置 背诵默写六首诗歌	（二）朗读与比较 1. 表格比较四首咏物诗。可以从歌咏对象、对象特征（由表及里）、表达方式、语言风格、艺术表现手法等方面比较。 2. 结合学过课文，重点辨析借景抒情和托物言志。 三、拓展与夯实 学习唐代罗隐的《蜂》和元稹的《菊花》，判断是借景抒情还是托物言志。 四、作业布置 1. 在田字格中工整默写六首诗歌。（必做） 2. 将《赠从弟（其二）》扩写成小短文，字数100字。（必做） 3. 自然界中的万物，大至山川河岳，小至花鸟虫鱼，都可以成为我们描摹歌咏的对象。从以下事物中任选一种或者自选，运用借景抒情或托物言志的表现手法，写一篇300字左右小短文。（选做）

一、语文课程标准与教材分析结合

"全面提高学生的语文素养"是语文课程基本理念之一，素养的提高落实在课堂上，落实在阅读教学中，就是"应注重培养学生感受、理解、欣赏和评价的能力"，落实在古诗文中，就是"注重积累、感悟和运用，提高自己的欣赏品位"。

对于课外古诗，很多语文教师不重视，多是结合课下赏析和试题讲解，浮光掠影，未能对教材进行开发利用，未能建构初中阶段整体诗歌教学系统树。《赠从弟（其二）》是咏物诗歌之一，诗人刘桢"借松柏之刚劲，明志向之坚贞"，对堂弟寄寓了无限期望，考虑到学生已经积累了一个学年以上的古诗词知识，有必要对咏物诗歌进行专题欣赏。而诗歌教学绕不开的一个知识点就是艺术表现手法的运用，这点可以作为《赠从弟（其二）》群文阅读教学设计的出发点。

二、选文难易度与学情结合

群文切入点确定后，接下来就是选文了。小学阶段，学生已经学过《石灰吟》《竹石》《咏柳》等，可以引入，让学生去背诵、思考、发现这三首诗歌从内容上归属于哪种诗歌类别，但课堂厚度略薄，需要增加一至两首咏物诗歌。唐代罗隐的《蜂》（不论平地与山尖，无限风光尽被占。采得百花成蜜后，为谁辛苦为谁甜）以及唐代元稹的《菊花》（秋丛绕舍似陶家，遍绕篱边日渐斜。不是花中偏爱菊，此花开尽更无花）是咏物诗中的经典。

选文确定以后，教学重点如果只是停留在读读、背背而不加以发现语言风格、表现手法等方面差异，遵循"一课一得"理念，也就是最终将学生引导到本课例教学难点即区别借景抒情与托物言志上，学生将错失提高诗歌鉴赏能力的又一机会。这几篇选文，以"1+X"文本形式，扩大了知识储量，可以兼顾不同层次学生的问题意识，发展学生求同存异思维。

三、问题设计与学情结合

问题设置是课堂关键，让学生在解决问题中日积跬步。好的问题既是呈螺旋式上升的，又要避免支离破碎的小问题破坏诗歌的美感。

导入环节，请学生背诵《石灰吟》《竹石》《咏柳》，对于小学学过的诗歌，背诵可以唤醒学生的记忆，满足中下程度学情需求。定稿中加入让学生内容上去发现诗歌类别之一"咏物诗"，这是设置的第一个难度，以便自然引出《赠从弟（其二）》。

检测预习是必不可少的环节，很多教师对此不够重视。让学生说说诗歌大意，读通诗歌意思，这是基础。教师根据课堂反应，及时了解学情。"发现标题与内容之间的矛盾，理解写作意图。"这样的问题也是诗歌学习的独特之处，这首诗歌内容中以对比衬托写松柏本性，实际是希望堂弟学习，殷殷期望流露无遗。

"鉴赏比较"中，初稿只是让学生自行设计表格，后发现几首诗歌的表现手法，对于大部分学生而言是茫然的。定稿做了提示，要求学生从歌咏对象、对象特征（由表及里）、表达方式、语言风格、艺术表现手法等方面进行比较，降低了难度。接下来重点攻克借景抒情和托物言志：联系朱自清的《春》，弄清借景抒情就是作者把内心想表达的情感蕴含在景物描写中，情是灵魂，景是载体，如《咏柳》；联系《爱莲说》《陋室铭》，明确托物言志（象征）是借助对某种事物的赞美或贬斥来表达自己思想，如《赠从弟（其二）》《石灰吟》《竹石》。带领学生发现咏物诗的结构模式基本上是先描写，后抒情或议论，结尾往往是点睛之笔。借物抒情的物只是作者情感的依托，托物言志中的物与现实中的人有相似点，是象征。把这两个知识点讲透了，就是所得。

"拓展与夯实"环节，保留初稿设计即"学习唐代罗隐的《蜂》和元稹的《菊花》，判断是借景抒情还是托物言志"，是对课堂难点的检测，自然保留。

四、作业设计与学情结合

群文阅读教学中，在作业布置上出现不考虑学情，布置过易或者过难的问题，如《赠从弟（其二）》课例初稿只是简单让学生默写，或者设计内容与教学内容风马牛不相及。我们知道作业是课堂知识的巩固，也是课堂知识的延伸，是传承，更是创新。在"双减"背景下，如何设计精当优质的作业，与教学一体化，亟待引起教师的重视。

考虑后，为了尊重学情，决定采用必做题和选做题两种形式。

作业设计一是对初稿中的背诵、默写的书写要求进行提高。诵读古代诗词是诗歌教学永恒不变的任务，这点毋庸置疑。当前很多学生会写错别字，其中一个原因就是眼高手低，动口不动手。在诗歌内容大意理解的基础上默写，才能有效克服这个难题。这首诗歌中，"亭亭""瑟瑟""惨凄""罹""凝"等，都是错误率极高的字词，边想边写，就不会写成"挺挺""琴""凄惨""离""疑"。在田字格中工工整整默写，有助于学生养成规范书写的习惯。在阅卷中发现有很多考生无视工整与规范，随心所欲、天马行空，吃了被扣卷面分的亏。

作业设计二以扩写形式，要求学生将《赠从弟（其二）》扩写成100字左右的小短文，是对诗歌内容的巩固与想象。从上交作业来看，效果较好，如"漫天飞雪，天地间白茫茫。悬崖峭壁之上，几棵松树顶雪傲然挺立着。山谷里的狂风龇牙咧嘴呼啸而来，不断对松树发起进攻，松树岿然不动，铮铮傲骨立于冰天雪地之中。堂弟啊，你可知松柏的本性是什么？你可知为兄写诗的一片冰心？"

作业设计三是选做题，对于学习成绩中等以上的，都可以练习，可以对本节课知识难点即借景抒情与托物言志区别的实践练习。从上交作业来看，大部分学生写得较好，弄清楚了两者的区别。

总之，群文阅读教学中只有注意"四结合"，才有可能发挥群文之"群"的魅力，才有可能避免低效语文课堂的出现，让阅读教学走向高效，提高学生语文素养。

参考文献

中华人民共和国教育部.义务教育语文课程标准（2022年版）［M］.北京：北京师范大学出版社，2022.

［本文系莆田市教育科学"十四五"规划2021年度课题"初中语文'1+X'群文阅读教学实践研究"（课题编号：PTKYKT21106）阶段性成果］

初中语文字词教学若干思考

《义务教育语文课程标准（2022年版）》中明确规定"识字评价要考察学生认清字形、读准字音、掌握汉字基本意义的情况，在具体语言环境中运用汉字的能力，借助字典、词典等工具书查检字词的能力。"不同的学段应有不同的侧重，7～9年级要求认识3500个左右的汉字，并能正确工整地有一定速度地书写。2022年版新课标将"识字与写字"作为四个学段必备要求之一，也是贯穿整个义务教育阶段的重要教学内容。识字写字是阅读写作的基础，在近些年考试评价题型中也有所体现，但是现实状况不容乐观，学生的错别字现象难以杜绝，这种现象不得不引起我们语文教师的思考。

究其原因，笔者认为小学阶段识字量大，很多学生不能正确辨析形似字、同音字等，累积相当一部分错别字后进入中学，学习科目陡然增加，渐渐对语文学科不重视，加上很多语文教师在阅读教学中关注的是句、段、篇而忽视了识字教学，特别是对字词的处理很多教师只是以学生朗读幻灯片上的生词形式走过场，眼观手不动，这样一来，旧的加新的，错别字堆叠起来的数量相当可怕。

笔者以为，作为语文教师的我们，不能将识字教学拒之门外，如果学生一方未能主动承担起消灭错别字的任务，我们一线教师就有必要动动脑筋改进字词教学方法，采用一些教学策略，帮助学生在有限的学习时间内提高字词的学习效率。

一、开设讲座，初识大汉字

刚入初中，教师不妨拿出两三节课开设一场讲座，对汉字四种造字法进行大致讲解。讲座开设既要浅显，又要有所侧重。"浅显"指的是不开成大学课程，针对初中生认知能力，通过幻灯片演示、图画标识等辅助手段，结合平时易错的一些字，使初中生能够大致区分象形、指事、会意、形声。"侧重"指的是重点讲解两种合体字——会意字与形声字。作为由两个或几个偏旁合成的会意字，不同于有描摹事物形状的象形字和象形字加提示符号的指事字，列举"休""涉""集""森"等字，明确会意字之会意。形声字作为汉字发展的主流，是汉字向表音方向发展的重要标志，学生的很多别字也来源于此，通过讲解，帮助学生了解形旁和声旁的作用，结合平时易错的字，如"沧、沦""冷、泠""暇、瑕、遐、葭""垦、恳、啃、捐"等进行教学。

通过期初的讲座，激发学生热爱祖国的语言文字，告诉学生平时养成勤查字典、认真观察、规范书写的习惯，才能减少写错别字的概率。在平时教学时，遇上易错字，要注意帮助学生辨析，譬如"赢""赢""赢"等形似字，告诉学生字底中间分别为"贝""女""羊"的原因。

二、重视预习，明辨音形义

部编教材和旧有教材在课后习题后面都有"读读写写"，对教材中出现的重点字词加以强调。我们在布置学生预习作业时，不妨沿袭小学识字教学中的生词抄写法。学生在预习中，圈点生字词，充分利用字典、词典等工具，将词义写在书本上并标上拼音。这些准备工作完成了，就可以进行规范抄写。抄写的遍数不宜过多，五六遍即可，过程中提醒学生观察好字形特征，正确工整规范地抄写。

抄完后，要求学生选择其中3至5个词语，或者更多，不按生词顺序将它们连接成一段话。课堂利用十分钟左右进行分享交流，教师请三四个学生发言，师生一起认真倾听并纠错。通过一段时间训练，学生就能逐渐摸索出连词成段的技巧：理解词义是前提，一个中心不能少，内容恶搞不提倡，积极向上是主流。从而通过连词成段这一形式，增强学生对词语的理解力，提高学生语言表达能力和字词的运用能力。

预习还包括大声朗读生字词，建议学生以上两项都完成以后，大声朗读几遍。这样通过抄写、连词成段、朗读，生字的形音义就得以一步步地强化。

三、穿插课堂，结合小语境

词语在具体的段落和文章中才有生命力，也就是词语要在具体的语言环境中生存，教师引导学生辨析字词，可以在阅读教学中见缝插针地进行字词渗透，帮助学生更好地理解字词，这样的字词才会在学生的脑海中留下深刻印象。比如，介绍《望江南》的作者温庭筠时，"筠"有两个读音：jūn与yún，作者的"筠"字该读哪个音？学生查字典后发现：读jūn是地名，读yún是竹子之意。教师相机引导：竹是四君子之一，代表着高洁傲岸，温庭筠是"花间派"词人，懂音律，古代乐器多与竹子有关，所以应该读yún。再如《济南的冬天》中一句"由澄清的河水慢慢往上看吧"中"澄清"一词到底是读chéng还是dèng，学生查字典后发现，读chéng时，有"使杂质沉淀"和"弄清楚"之意，读dèng时，是"水静而清"之意。又如，《谈生命》中有一个句子"终于有一天，冬天的朔风把他的黄叶干枝，卷落吹抖"中"干"的读音，读gàn时，较粗，北风吹抖比较难，读gān，结构与黄叶相同，都是偏正，这样一辨析，学生自然清楚。

四、测试听写，营造好氛围

如果仅靠预习和课堂穿插字词教学，显然是不够的，需要依靠测试听写等形式。我们不一定要在每篇新课时都进行听写，可以选择不定期对学生近来预习的生字词进行听写。每次听写的词数不宜过多，二十个词语左右，选择那些容易混淆的容易犯错的字词来写即可。一听写完，马上实行"兵管兵"的措施，也就是学生之间互改。为了防止部分学生马虎批改，可以这么规定：如果没将对方错误的字词纠正出来，错词抄写的任务归批改者。在互相批改时，教师可以在黑板上板书进行强调。教师选择字词听写时，要灵活处理，比如《再塑生命》中的"冥思遐想"就可以让学生自己写出"遐"的几个形似字并组词。这样的听写实际上就是告诉学生识字的方法可以是归类法、辨析法等。

此外，在期初期末可以模拟进行汉字听写大会，以班级小组为单位，以闯关的形式，难度逐级递增，设立奖项，奖品丰厚，营造小组之间比学赶攀的学词氛围。

五、编写口诀，加深浅记忆

教师鼓励学生在平时字词识别时，编写一些朗朗上口的口诀加以形象记忆，同学之间经常交流，编写优秀的予以推广。比如汉语拼音标调歌"有a找a，没a找oe，iu并列标在后，单个韵母不用说"，这样杜绝学生乱标现象；辨识"戍""戌""戊"的口诀歌"点戍横戌空心戊，一横一撇就读戎"；辨识"已""己""巳"的口诀歌"自己莫出头，已经探出头，巳时封了口"。多音多义字，比如"称"的读音巧记，受地方方言影响，很多学生前鼻韵母和后鼻韵母分不清，告诉学生过去称东西要用秤砣，"匀称（chèn）无负重，称量需带砣"就一清二楚了。

初中字词教学方法是不一而足的，我们不能弱化识字教学，功夫在平时，采用多种方法策略，这样就不愁学生的错别字泛滥了。

参考文献
中华人民共和国教育部. 义务教育语文课程标准（2022年版）［M］. 北京：北京师范大学出版社，2022.

在语文课堂中化"错误"为"精彩"

在日常的语文教学中，我们经常听到学生的回答不是按照我们精心预设的进行，出现了错误。这种现象很正常，正如数学家华罗庚说过："天下只有哑巴没有说过错话，天下只有白痴没有想错过问题，天下没有数学家没算错过题的。"所以在学习上没有人不会犯错误，学习的过程就是在不断犯错、纠错的尝试中获得更多知识的过程，在犯错、纠错中，学生能找到科学的方法，获得了正确的知识，培养良好的学习习惯，等等。

布鲁纳说过"学生的错误都是有价值的"，确实，错误是宝贵的教学资源，如何使这些"错误"实现最大的教学价值，让这些"错误"点缀我们的语文课堂，是值得我们一线教师思考的一个问题。

教学方法是在具体的实践教学中总结起来的，我们在教学中可以博采众长，可以自己摸索，让这些"错误"成为课堂中靓丽的景色。以下列举几种方法。

一、揪住"错误"，抓牢夯实

我们知道教师的评价语言很重要，如果一个教师对学生的回答仅仅以"对""错"进行简单的评价，那么这个教师实在不是一个高明的教师。学生出错，说明他的知识点掌握不牢固，教师简单地评判，对于那些回答错误的学生来说，不仅会让他们的自尊心受损，影响日后的继续发言，而且会让他或者更多的学生对这个知识点模糊，长此以往，更多的错误就会如滚雪球般越发强大。相反，教师若能以纠正这个错误为契机，对知识点加以夯实，哪怕影响到教学进度，但总比日后再犯类似的"错误"要好。

课例：

《行道树》一文运用象征的写法，用行道树象征具有奉献精神的人。我设置了一道赏析题：你喜欢文中的哪个句子？说说理由。

生：我喜欢"我们是一列树，立在城市的飞尘里"这句用了比喻，交代了行道树的位置。

师：同学们，他说错了哪个地方？

生："我们是一列树，立在城市的飞尘里"这个句子不是比喻。

师：你的眼光是敏锐的！你再说说怎么判断比喻句？

生：比喻句要有本体和喻体，两者之间要有相似性，而且两者必须是本质不同的物。

师：说得基本正确，我们一起来看这几个句子。

（我在黑板上写下了四个句子。）

每一朵盛开的花就像是一个小小的张满了的帆，帆下带着尖底的舱，船舱鼓鼓的。（宗璞《紫藤萝瀑布》）（明喻）

母亲啊！你是荷叶，我是红莲。（冰心《荷叶母亲》）（暗喻）

我似乎打了一个寒噤；我就知道，我们之间已经隔了一层可悲的厚障壁（喻体）了，我再也说不出话。（鲁迅《故乡》）（借喻）

李烨长得像她妈妈。（不是比喻句。）

在本课例中，针对课堂出现的学生对"比喻"这一修辞手法弄不清楚的现象，我揪住"错误"不放，讲了初中阶段有关"比喻"的要掌握的知识点，举几个来自课文的例子，一方面要讲清讲透，一方面又要防止讲得太艰深。我想，作为初中起始年段的前几课，教师如果能重视学生的错误，像本课例那样，教师讲清讲透，学生就不会对比喻等修辞手法认识不清。

二、归纳"错误"，口诀解决

有些错误，是学生对知识点没有进行认真的比较、区别导致的。因此，教师要提高课堂知识的效度和密度，发挥好引导作用。

特别是在字词教学中，学生会读错音，写错字。教师应正确对待这些"错误"，分析这些"错误"产生的根源（如学生对汉字造字法的不了解），对汉字的造字法进行必要的讲解，对一些易错字用口诀等加以区别。

课例一：

我在教《木兰诗》时，针对学生朗读"万里赴戎机，关山度若飞"中的"戎"时混淆的读音，灵机一动教了他们口诀"点戍（shù）横戌（xū）空心戊（wù）"，以此加深学生对这组易混字的印象。

课例二：

针对学生在书写拼音时，标调容易出错的现象，我又教了他们一个口诀"有a找a，没a找oe，i、u并列标在后，单个韵母不用说"，这样一来就不容易出现标调乱标的现象了。

课例三：

有一位教师针对学生写作文时出现的毛病，模仿《明日歌》编了一首《作文六说歌》："作文水平要突破，听我念支六说歌。前话后说，糊成一锅，后话前说，乱如刺窝；长话短说，虽少胜多；短话精说，句句有着落；套话不说，说了别人捂耳朵；无话不乱说，谨防别人把舌头割。"这么一来，把作文中常见的几个错误指出来，学生在写作中就会加以注意。

三、分析"错误"，比较选择

在教学中，如果对学生的错误教师急于给出正确的答案，学生只是被动地接受答案，而不加以思考，那么学生的头脑就会成为知识的容器，长此以往，学生成为"思想的矮子"就不足为奇了。对待错误，教师要教会学生进行分析、比较、选择，教师"要做学生脑力劳动的指导员和学生思想的导航员"。

课例：

《望江南》一文的作者是温庭筠，其中"筠"字的读音有两种。

师：请同学们流利地正确地朗读《望江南》。

（生大声朗读，不约而同地将"筠"读成jūn，很明显没有认真预习。）

师：刚才同学们在读词作者的第三个字时，都读成了jūn，到底有没有读错？请同学们马上查查字典。

（学生拿出字典，一会儿有学生举手回答。）

生："筠"有两种读音，一读jūn，作地名时使用；二读yún，有两个义项，一指竹子，二指竹子的青皮。

师：好，这里到底应读哪个音呢？给大家说说词人的家庭背景，词人作为唐初宰相温彦博的后裔，出身于没落贵族家庭，你觉得父母给他取名字，会选择哪一种读音？为什么？

生：yún。第二个义项有竹子之意，竹子的品行高洁，其父母取名应有此意吧。

师：很聪明。我们知道竹子是花中四君子之一，庭筠——"庭院中的竹子"，此名寄托着父母的厚望。

在本课例中，我抓住学生的"错误"，巧妙地让学生动手查字典，在学生出现似懂非懂的困惑时，适时引入背景，让学生自己思考，做出选择，并让学生在思考中体验到一种"思考家"的自豪感。

四、故意"错误"，推敲"正确"

在具体的教学中，我们可以有意地设置一些"陷阱"，让一部分学生"掉进去"，让另一部分学生站在"陷阱"旁，和教师一起帮助这些掉进去的学生。

课例一：

著名语文教育家余映潮先生就很擅长用一些出其不意的方法来考查学生疑惑的一些知识点，比如用朗读法来考查层次的划分、概念的差别等。有一个经典的课例就是他在教《口技》一课时，为了考查学生对文中"正面描写"和"侧面描写"的掌握程度，他先是让学生自己思考哪些句子是"正面描写"，哪些句子是"侧面描写"，一分钟之后，开始全班同时朗读，然后每个人可以根据自己的理解停下声音。这种同声起异声落的方式实在高明，学生要朗读正确，必须先思考，也就是弄清楚两个概念的区别。

课例二：

《社戏》是篇散文，属于文艺语体的文章。我在教读本课语言的品析时，对一些句子采用故意出错的方法，收到了预想的效果。

师："那航船，就像一条大白鱼背着一群孩子在浪花里游。"

生：老师错了，是"蹿"不是"游"！

师：作者为什么要用"蹿"而不用"游"呢？

（课堂上出现短暂的沉默。）

师：孩子们，你们可以在下面做做"蹿"和"游"的两个动作！

（学生一时兴奋地在座位上比画起来。一会儿，有学生站起来回答。）

生：老师，用"蹿"字把小船在水里行进的样子写出，可以看出孩子们去看戏时的快乐心情，而"游"看不出感情色彩！

师：很好，基本上品出来了！不过，如果用"晃"呢？大家再想一想！

生："晃"字体现风急浪高！

师：文中有体现风急浪高的句子吗？

生：没有。

师："晃"字还能体现什么呢？可以考虑孩子的驾船技术方面。

生：哦，"蹿"字还体现了孩子们驾船技术的高超！

在本课例中，我在朗读时故意出错，在学生指出错误之后，引导他们通过动作来想象来品味，充分发挥了学生的主动性。

五、巧妙治"错"，回归"正途"

叶澜教授曾说："课堂应是向未知方向挺进的旅程，随时都有可能发现意外的通道和美丽的图景，而不是一切都必须遵循固定线路而没有激情的行程。"在课堂中，偶尔会遇上一些学生游离于教学内容之外的"不和谐之音"的情况，这时，如果教师无视或者只是简单地呵斥当事人，就可能影响课堂教学效果。因此，教师要具体情况区别对待，将"错误"变成美好的"图景"。

课例：

有位教师在教《从百草园到三味书屋》，讲到"美女蛇的故事"一处时，突然一学生问有没有"美男蛇"。这位学生是不是故意这么问不重要，重要的是接下来这位教师从现象到本质的一番分析说得学生心悦诚服，懂得了作者的用意：这位同学有好奇心很好，但是思路不正确，他感兴趣的是"美男""美女"，而作者的思路在于美女和蛇的对比上，美女是迷人的外表，蛇是害人的本质，美女蛇、美男蛇都是骗人的蛇，害人的蛇。

这位教师的教学机智实在高明，不但"治服"了"不法分子"，让课堂回归了"正途"，而且利用这个"错误"，挖掘了知识的深度。

教学方法是不一而足的，见仁见智，无论如何，教师都要用发展的眼光正确看待学生在学习上的错误，去研究学生的错误，寻找更多的化"错误"为"精彩"的方法，这样，学生就能在不断纠错中，迈向知识的真理。

参考文献

徐林祥，张悦群.中学语文课堂教学技能训练［M］.吉林：东北师范大学出版社，2000.

第三章

初中语文阅读教学案例设计

说说贬谪那些事儿

——《酬乐天扬州初逢席上见赠》《长沙过贾谊宅》《左迁至蓝关示侄孙湘》贬谪类群诗教学设计

【教学设想】

以部编语文教材九年级上册三首贬谪类古诗为抓手，多角度赏析诗歌，整合比较贬谪类诗歌在内容与情感抒发上的异同点，教学生读诗方法。

【教学目标】

在反复朗读中，理解诗歌内容，体会诗歌意象和艺术手法的运用；整合比较贬谪类在内容与情感抒发上的异同点，体会诗中传递的正能量，树立积极向上的人生观。

【教学重点】

理解诗句意思，多角度赏析诗歌。

【教学难点】

整合比较贬谪类古诗在描写内容与情感抒发上的异同点。

【教学时数】

一课时。

【教学过程】

（一）导出课题（3分钟）

（生齐读三首）我们学过多种类别古诗，如送别诗、思乡诗、田园诗、边塞诗等，今天我们要学习的三首唐诗，属于哪一类别呢？

设置问题：在预习过程中，同学们有没有发现这三位诗人人生遭遇上的共同点？（遭到贬谪，都被贬到边远荒凉的地方当官）

这三首诗，我们把它归类为"贬谪诗"。

（二）说说贬谪那些事儿（35分钟）

1. 因何而贬

（1）幻灯片出示当时背景：

历史上和这三位诗人有一样遭遇的文人有很多，特别是大唐时代，文人遭遇贬谪的现象十分普遍。据记载，大唐有270多位文人被贬。为什么会有这样的现象呢？因为古人信奉"学而优则仕"，古代知识分子读书的目的大多是进入朝廷当官，大唐经历了漫长的由盛到衰的发展过程，奔着进入朝廷为官的读书人就特别多。当官之后，稍不留神就有遭遇贬谪的危险。

贬谪诗人，来到穷乡僻壤之地，除了自然环境的恶劣和生活条件的贫苦，他们更难承受的是心灵的孤独。所以他们内心苦闷，便寄情于诗，给我们留下了大量的"贬谪诗"。但是面对同样被贬谪的命运，有的诗人豁达乐观，有的诗人愁苦怨怼，有的诗人却坚持真理，贬而不悔。

（2）请学生阅读助读资料，了解三位诗人的各自遭遇。

◆ 刘禹锡：唐顺宗永贞元年，刘禹锡因参与王叔文集团的政治改革，失败后被贬到外地做官二十多年。唐敬宗宝历二年，刘禹锡被罢和州刺史，回归洛阳，途经扬州，与罢苏州刺史的白居易相会。白居易在酒席上吟诗一首《醉赠刘二十八使君》。为此，刘禹锡作了这首酬答诗。

◆ 刘长卿：刘长卿"刚而犯上，两遭迁谪。"第一次迁谪在公元758年（唐肃宗至德三年）春天；第二次在公元773年（唐代宗大历八年）至777年（大历十二年）间的一个深秋，因被诬陷，再遭贬谪。从这首诗的标题和所描写的深秋景象来看，诗当作于诗人第二次迁谪来到长沙的时候。

◆ 韩愈：韩愈晚年上奏《谏迎佛骨表》，力谏宪宗"迎佛骨入大内"，触犯"人主之怒"，差点被定为死罪，经裴度等人说情，才由刑部侍郎贬为潮州刺史。

2. 如何写贬

主问题一：刘禹锡一生被贬、刘长卿二次遭贬、韩愈晚年被贬，面对相似的命运，他们抒发的感情有何异同？表现手法是否一样？

（1）分三组分别朗读三首诗，注意读音、节奏、感情，个读，齐读。

（2）问题一：寻找情感上异同点。通过三组同学的朗读，同学们能否体会到三首诗在感情抒发上的异同之处？

共同点：都包含了被贬后内心的苦闷和悲愤。

不同点：感情基调不一样。

（3）问题二：

连线题：根据你的阅读感受，连接相应短语，表达你对诗人人生态度的理解。

最豁达乐观　　　　　刘长卿

最哀怨悲苦　　　　　韩愈

最刚正不阿　　　　　刘禹锡

参考答案："最豁达乐观"的刘禹锡，"最哀怨悲苦"的刘长卿，"最刚正不阿"的韩愈。

主问题二：诗人采用了哪些艺术表现手法来表达被贬谪命运并抒发感情？

（1）"最豁达乐观"的刘禹锡。

①请一位同学朗读诗歌，注意把握诗歌情感变化。

②诗人感情如何变化？（先是叙述内心辛酸悲伤，后才抒发积极乐观的感情。）

③ 表现手法。

首联："凄凉地""二十三年""弃置身"几个词语直接表现出诗人长期被贬后的辛酸、愤懑。

额联：运用典故，"闻笛赋""烂柯人"表达对往事的怀恋，对时光流逝、物是人非的怅惘之情。

颈联：借"沉舟""病树""千帆过""万木春"这些意象表现出诗人豁达、进取的精神。

尾联：直抒胸臆，积极、昂扬。（请学生用铿锵有力、激情的语调朗读尾联。）

◆ 小结过渡：一生惨遭被贬的刘禹锡，即使有被贬谪之辛酸愤懑，但更多的却是积极进取、乐观豁达的人生态度，这在他的其他诗中也体现过。比如我们学过的《秋词》（"自古逢秋悲寂寥，我言秋日胜春朝。"）一反前人悲秋的观念，表现出一种激越向上的诗情，还有《陋室铭》中"斯是陋室，惟吾德馨"的高洁傲岸、独善其身之情操，都是值得我们学习的楷模。所以，我们说他是最乐观豁达的被贬诗人。接下来看看刘长卿是怎么表达出内心感情的。

（2）"最哀怨悲苦"的刘长卿。

① 全班自由诵读古诗一遍。

② 整首诗的感情基调可以通过哪一个字体现出来？（悲）

③ 解题：诗人为何借贾谊来抒发被贬的悲愤？

结合注释，了解贾谊，相似的遭遇，引发诗人伤今怀古，感慨万千，而吟咏出这首律诗。所以诗写的是贾谊，实际感慨的是自己的悲苦命运。

④ 和上一首诗相比，这首诗更侧重于用什么描写？表现手法是否一样？

（不一样，更侧重于景物描写，运用多种表现手法。）

首联：借贾谊被贬来暗喻自己的遭遇，抒写悲苦命运。

额联：以景衬情（情景交融），秋草衰迷、寒林空落、落日西斜，空寂无人这些凄凉萧条的景象衬托出诗人孤独寂寞、痛苦惆怅的心情。

颈联："有道""无情"运用反语和双关手法，暗含对李唐不重视人才的不满，抒发怀才不遇的愤懑之情。

尾联：以"湘水""江山""黄叶"这些意象象征李唐的衰败，表达了抑郁悲凉的心情。

⑤最后一句"怜君何事到天涯！"里的"君"指的是什么？

既是贾谊也是自己。意思是我们本不应该被放逐到天涯，表达出对当权者的控诉与怨怼和怀才不遇的愤懑情怀。所以整首诗明写贾谊，暗写自己，处处不见"我"，却又处处自有"我"存在。

⑥齐声朗读一遍，再次体会诗人的感情。

◆ 小结过渡：刘禹锡虽然也是内心苦闷，但最后唱出"今日听君歌一曲，暂凭杯酒长精神"的积极乐观的人生态度，而刘长卿却说"怜君何事到天涯！"，一直在悲苦怨怼。那么韩愈又是怎么表达出他的内心感情呢？

（3）"最刚正不阿"的韩愈。

①解题：从诗的标题中可以看出哪些信息？

韩愈被贬官至潮州经过蓝田关时，他的侄孙韩湘赶来与他同行。"左迁"就是被贬官的意思。

②分析本诗的表现手法和抒发的感情。

首联："朝奏"与"夕贬"、"九重天"与"路八千"形成鲜明对比，点明被贬原因，表达遭贬的愤懑，也可看出诗人刚直不阿、坚持真理的倔强性格。

颔联：写明上奏折的目的和进谏的决心。贬而不悔，刚直不阿。

（请全班学生用悲愤而坚定的语调朗读首联和颔联。）

颈联：借恶劣的环境描写抒写愁苦悲戚、英雄失路之悲。

尾联：以描写骨肉之情抒发诗人内心郁愤、前途未卜的感伤情绪和不平之气。语虽悲酸，却悲中有壮，表现了"为除弊事"而"不惜残年"的坚强意志。

3. 如何看贬

（1）请学生再次梳理三位诗人面对被贬谪命运的不同态度。

韩愈不同于刘禹锡的豁达，也没有刘长卿的低沉，他在悲愤怨怒时，却表现出刚直不阿、坚持真理的性格和不平则鸣、贬而不悔的豪气。

（2）请学生说说身边的励志人物，谈谈今后面对挫折的态度。

（三）作业布置（2分钟）

（1）背诵并默写这三首古诗。

（2）引用学过的贬谪类古诗句，结合生活体验，书写一段300字左右的生活感悟，表达你对挫折的看法。

【板书设计】

说说贬谪那些事儿

诗人	诗歌	艺术表现手法	人生态度
刘禹锡	《酬乐天扬州初逢席上见赠》	运用典故意象比喻、直抒胸臆	豁达乐观
刘长卿	《长沙过贾谊宅》	情景交融、反语、双关	哀怨愁苦
韩愈	《左迁至蓝关示侄孙湘》	对比、环境描写	刚正不阿

窈窕淑女，君子好逑

——《关雎》教学设计

【教学目标】

1. 了解《诗经》基本知识及其在中国文学史上的地位。

2. 反复诵读，理解并分析"淑女"及"君子"形象，树立正确的婚恋观。（教学重点）

3. 体会诗歌运用重章叠句的结构方式及比兴的艺术表现手法。（教学难点）

【教学时数】

一课时。

【教学过程】

（一）导入《关雎》（3分钟）

古人说，不读诗词，不足以知春秋历史，不足以品文化精粹，不足以见流彩华章之美，而读诗词，一定要从《诗经》开始，因为《诗经》是诗歌文学的鼻祖，是我们民族的感情之源。

学生齐读"注释1"和课后资料，做好圈点勾画等记号。

（二）初识《关雎》（7分钟）

（1）读诗文，首先要读通读顺，请生结合注释，自由读。（明确：四言诗的诵读，一般读成"二、二"节拍，即读两个字后稍作延长或停顿。）

（2）齐读一遍。

（3）两个字归纳诗歌主题：爱情。（板书：主题爱情）

（4）讲了一个什么故事？请一两个学生发言。

总之，用一句话归纳内容就是：君子追求淑女。

（板书：君子→淑女）

对于君子是否追到了淑女，历来有两种说法。歧义在于"窈窕淑女，钟鼓乐之"一句。（幻灯展示：A表现一个男子对女子的思念和追求，以及求之不得的焦虑和梦中求得的喜悦。B歌唱一个贵族男子爱上一个美丽姑娘，最后和她结了婚。）（《诗经今注》）

一是没有追到，认为是梦里所得。二是追到了，皆大欢喜，符合中国人对结局圆满的心理需求。

（三）再识《关雎》（30分钟）

1. 人物形象我会评

其实，结果怎样不重要，我们注重的是过程。就像在学习生活中，同学们付出努力了，只要无愧于自己，就可以了。《关雎》中，淑女与君子到底是怎样的人？人物所作所为对同学们以后恋爱婚姻有什么启示？接下来，我们一起探讨。

（1）淑女。

① 淑女有什么特点？诗中怎么形容？（抓住"淑""窈窕"的意思：美好，善良，文静）

② 我们在分析人物形象时，除了抓住形容词，还得注意动词。

A.请在相应词语下画圆圈。（流、采、芼）

结合注释，看看这三个字分别是什么意思？（流：捞取。采：采集。芼：挑选。）

［补充介绍］荇菜：可食用的水草，夏天会开黄色的花，叶子似睡莲，浮在水面。

B. 发现《诗经》章节特点。（结合思考探究一，请生画线）

多采用重章叠句的形式，每章只变换几个字，反复吟唱，至于表达效果（使诗意回环往复、韵味无穷），学完以后自然明白。

C. 学生齐读"参差荇菜，左右流之。""参差荇菜，左右采之。""参差荇菜，左右芼之。"从中可见淑女还是怎样的女子？（勤劳）

D. 淑女采摘荇菜的过程有什么象征意义吗？（淑女采摘荇菜的过程就是择偶的过程）

E. 淑女采摘荇菜的过程说明了淑女在择偶过程中有什么特点？（谨慎、理智）

③ 小结：诗中的淑女有什么特点？（美丽、文静美好、勤劳、理智、谨慎）

（2）君子。

① 就是这样一个淑女，让我们的君子遇见了并爱上了，这样的故事一定有一个很美好的开头。请生齐读第一章。

思考：写雎鸠有什么用意？君子是特意来看雎鸠鸟的吗？结合注释3与"思考探究二"。（幻灯片补充：一种水鸟，即鱼鹰，其色苍黑，雌雄有固定配偶，古人称为贞鸟。）

（"兴"是《诗经》常用的表现手法之一。即先说别的事物，用事物的特征，或事物事件之间的联系，来引出所吟咏的对象。比如"船靠舵，屋靠梁，百姓要靠共产党"，又如"山不转水转，天不转云转，地不转人转"。）

看来漫步河边的君子并不是有意来看雎鸠鸟，听到声音，看到它们成双成对，才联想到自己的终身大事。

② 君子有什么特点？一起来探讨诗中三个动词"求""友""乐"。

A. 求：这样的女子，就是我们常讲的"打起灯笼都难找"的对象，人人都想"求"。君子是"寤寐求之"，醒也想来睡也想。

求之不得时，诗中男子怎样表现？

学生齐读"求之不得，寤寐思服。悠哉悠哉，辗转反侧"（"辗转"的本义是车轮转过来又转过去，就像司机转方向盘一样）。

一起想象和联想一下，男子除了"辗转反侧"外，思念女子是痛苦的，可能还有哪些表现？（茶不思饭不想，面容枯瘦，寝食难安……）

可见这位君子在求偶的过程中有什么特点？（执着）

B. 友：亲近。男子如何友之？（琴瑟友之）两千多年前，能弹琴鼓瑟的必是怎样的人？（家庭条件优越、情趣高雅的贵族男子。）

C. 乐：快乐。男子如何乐之？（钟鼓乐之）敲钟击鼓使她快乐。

回顾一下：之前我们在解读君子追求淑女的结果时，说过两种结果。

若是幻想中梦中"钟鼓乐之"，君子没有要死要活，死皮赖脸，骚扰折腾，可见君子对淑女是怎样的？（尊重，这就是孔子所赞的"哀而不伤"，悲哀却不至于过于悲伤。）

若是第二种结果，就是追求到了，男子也没有快乐到得意忘形，狂欢达旦，而是"钟鼓乐之"，这就是孔子所赞的"乐而不淫"，快乐却不是没有节制。

那么猜测君子一开始为什么不直接以这种高雅的行为亲近并获取淑女的芳心？（一开始没有想到、很自信、不想太冒进、想试探女子是不是真正的淑女……都有可能。也有可能后来才学的琴瑟钟鼓。）

可见君子择偶和淑女一样？（谨慎，不像一般人那样轻率地"剜到篮里就是菜"，不像有些现代人的闪婚闪离，而是爱得用心，为爱而学习，爱得上进。）

③ 小结：君子的特点——执着，尊重对方，谨慎，爱得用心，爱得上进。

2. 诗歌我会背

学生接龙背诵或前后互背。

（四）读唱《关雎》（5分钟）

千年前，雎鸠鸟求偶之声诱动了小伙子的痴情，使他对淑女一往情深，千年后的今天，我们学习这首诗歌，对我们的恋爱、婚姻仍有借鉴意义：家庭是社会组织的基本单位，在我国古代人际关系五伦（君臣、父子、夫妇、兄弟、朋友）之中，以夫妇为人伦之始，故选对配偶特别重要。相传《诗经》是孔子组织编撰的，孔子将《关雎》放《诗经》首篇，应该也有以上原因吧。

（1）合作演读。（第一章师生，第二三章"参差荇菜，左右流之"等三句由师，剩余学生）

（2）最后，送给同学们《经典咏流传》中仇海平演唱的《关雎》。

【板书设计】

关雎

主题：爱情　　　　　　　　　　　　雎鸠——兴

内容：君子——追求——淑女

求、友、乐　　　　窈窕、淑　　　　　　　　流、采、芼

爱得执着，爱得尊重，爱得谨慎，爱得上进

文静美好，勤劳，爱得理智，爱得谨慎

怎一个愁字了得

——《咸阳城东楼》《无题》和 《丑奴儿·书博山道中壁》群诗阅读教学设计

【教学设想】

以部编语文教材九年级上册第六单元课后古诗词诵读中的《咸阳城东楼》《无题》《丑奴儿·书博山道中壁》为例子，展开群诗教学。以"愁"为线索，对诗歌进行整合、比较、欣赏，在诗歌"意象意境"理解中穿插"知人论世"，从而把握诗词情感，理解"愁"之意蕴，更在群"愁"诗中，引导学生正确看待"愁"情，提升家国情怀。

【学生活动】

学生课前预习三首古诗，读顺，读清，做好学案"课前"部分；课堂完成相应学习任务。

【教学重点】

在群诗整合比较中，分享交流对诗歌"意象意境""情感表达"的理解。

【教学难点】

对诗歌情感表达与意象选择的理解，特别是第一首。

【教学时数】

一课时。

【教学过程】

（一）入"愁"晓目标（3分钟）

生齐读三首古诗（一读）。

教师引导：同学们发现了没有，这三首都写到了一个字——"愁"。这节课，老师将带领同学们一起探讨古人之愁。

学习目标：

（1）理解诗词内容，体悟蕴含情感。

（2）整合比较诗词，掌握读诗方法。

（3）正确看待愁情，提升家国情怀。

（二）品"愁"万重门（28分钟）

1. 说文解字（2分钟）

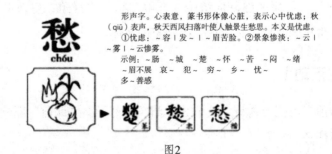

形声字。心表意，篆书形体像心脏，表示心中忧虑；秋（qiū）表声，秋天西风扫落叶使人触景生愁思。本义是忧虑。
①忧虑：～容｜～发｜～｜眉苦脸。②景象惨淡：～云｜～雾｜～云惨雾。
示例：～肠 ～城 ～楚 ～怀 ～苦 ～冈 ～绪 ～眉不展 哀 ～ 犯～ 穷～ 乡～ 忧～ 多～善感

图2

2. 读诗方法（25分钟）

愁，从心，秋声。人们常说"离人心上秋"，秋天，黄叶纷飞，冷风飕飕，秋雨阵阵，草木凋零……秋天，确实会生愁。（板书）这三首诗词中，是不是都写到秋？诗人笔下秋景如何？别的季节是不是就引发不了愁绪？请打开学案，分组完成表格。

学习任务：

表6

比较	景物对应季节	篇目	景（意象）	气氛（意境）	情感	你的发现
同	与秋相关	《＿＿＿＿》				
		《＿＿＿＿》				
异	与＿＿相关	《＿＿＿＿》				

学生活动：学生分组领一首诗；结合学案助读资料以及课文赏析文字等，各自完成表格（5分钟）；发言（20分钟）。

教师设问：

你们这首诗写的是哪个季节？依据是什么？

除此之外，还有没有其他补充？

这些景（意象），给我们营造了哪些气氛？你觉得要表现诗人的什么情感？

参考答案：《咸阳城东楼》和《丑奴儿·书博山道中壁》都写到了秋。（《无题》中"东风无力""百花残"——暮春时节，"春蚕"）

（1）《咸阳城东楼》（10分钟）

许浑：生于日薄西山的晚唐。晚唐，朝野动荡，内外危艰，纷乱迭起，犹若临风之烛、将朽之木，世相人心都笼罩在悲风残照间。曾经云蒸霞蔚、高歌入云的开元气象，对晚唐时代的诗人而言，已成为遥远而又微茫的记忆了。面对日益衰颓的国势，他们常常听雨生悲，见落日而惆怅，因怀古而伤今，无奈的末世之叹和无助的悲凉之感弥漫于字里行间。

意象——巍巍高楼、烟迷蒹葭、雾锁杨柳、溪云乍起、夕阳沉落、山雨将至、风声满楼、杂草丛生、黄叶纷飞、鸟飞蝉鸣、渭水东流。（生齐读）

氛围——迷茫、压抑、萧条、凄清。（提醒学生圈画诗人所处时代（晚唐），籍贯，以及咸阳城东楼所在，逐联指导学生读出诗句感觉）

表达情感——思乡、忧国、怀古、伤今之愁，愁之多。

①一上高城万里愁。

起笔就是惊天动地的。"一上"之意外，之惊心动魄。此时登高，不同于盛唐王之涣《登鹳雀楼》"白日依山尽，黄河入海流。欲穷千里目，更上一层楼"之壮阔，充满冷静理性之光，也非杜子美《登楼》"花近高楼伤客心，万方多难此登临"之沉重，或是陈子昂"前不见古人，后不见来者"之悲怆。"万里"写出愁的长，浓，厚，有沉重、压抑之感。愁什么？因何愁？

②蒹葭杨柳似汀洲。

说到蒹葭，我们必然想起"蒹葭苍苍，白露为霜"，提起杨柳，我们会想起"昔我往矣，杨柳依依；今我来思，雨雪霏霏""草长莺飞二月天，拂堤杨柳醉春烟"。这都是江南的典型意象。许浑长期居住江南，习惯并喜爱江南的烟雨生活。"似"，像，便是对江南乡土的思念。

③溪云初起日沉阁。

"许浑千首湿"，他好用水，江，雨，露等意象。诗中画面带给我们怎样的感觉？怎么读？（压抑，紧张）同学们，你们认为这句写的就是河溪云彩上升，太阳下沉，一场大雨即将倾盆而下吗？显然，这是对唐王朝日薄西山危机四伏的没落局势的形象化勾画。

④鸟下绿芜秦苑夕，蝉鸣黄叶汉宫秋。

秦代阿房宫，汉代未央宫、长乐宫等著名建筑，都曾经飞阁流丹，高楼耸翠，都曾经莺歌燕舞、娱乐升平，而如今都已化作黄土。写秦，写汉，看似怀古，其实都有现实投射，因为唐王朝也建都长安，秦汉往往成为唐人自况，王昌龄"秦时明月汉时关"便是。

⑤行人莫问当年事，故国东来渭水流。

"当年"就是当朝，"故国"就是江南。"渭水流"让我们想起"子在川上曰：逝者如斯夫，不舍昼夜"。诗人想起前代兴亡之事，引起无限感伤，劝告自己，只想回到江南，不必去想时代变化，家国兴亡。似乎豁达，实则平淡言语中蕴含泪水，那是无奈的隐痛。

（2）《丑奴儿·书博山道中壁》（6分钟）

这组的孩子们，你们这5分钟过得可愁？找到了哪些景物？

不用愁，是的，这首词没有描写具体秋景。两个时期心情迥异，对比少年爱登楼，无愁勉强说愁，只为赋新词，而今，已过不惑年，愁却尝遍，识遍。

因何而愁？

辛弃疾：人称"词中之龙"，他首先是将军，然后才是词人。生而有伟丈夫之相，有政治、军事才能，却生不逢时。辛弃疾终其一生，也未能实现他的梦想，即横刀跃马，奋勇杀敌。同样是军事天才，霍去病遇上汉武帝，一生戎马，封狼居胥，奈何辛弃疾生不逢时，宋廷对金采取守势，再加上他作为从沦陷区南下的"归正人"身份，当权者明知他才识超群、果敢能干，但就是不予重用。这首词是词人被弹劾去职、闲居上饶带湖时期所作。

愁解了没？（未解）

从何得知？如何理解"却道天凉好个秋！"这句话？（指导学生读出诗句感觉）

只道天气，不谈政治，"天凉""好个秋"是词人内心体现。朝廷上备受排挤冷落，今已过不惑之年，依然国耻未雪，壮志未酬，怎能不生凉意？"好个秋"，秋好？不好。初念似乎很轻松，多读几次，就会感觉到词人内心的无从言说的浓愁，重愁。

表达情感——少年，故作深沉；而今，报国无门的愁苦，痛楚，无奈，愁之重。

这种报国无门的愁，渴望统一的心，在辛弃疾其他诗作中多有表现。例如，他失意闲居信州时所作的《破阵子·为陈同甫赋壮词以寄之》：

醉里挑灯看剑，梦回吹角连营。八百里分麾（huī）下炙，五十弦翻塞外声。沙场秋点兵。

马作的（dì）卢飞快，弓如霹雳弦惊。了却君王天下事，赢得生前身后名。可怜白发生！

又如，《永遇乐·京口北固亭怀古》：

（上片）千古江山，英雄无觅孙仲谋处。舞榭（xiè）歌台，风流总被雨打风吹去。斜阳草树，寻常巷陌，人道寄奴曾住。想当年，金戈铁马，气吞万里如虎。

注：孙仲谋：孙权。

寄奴：南朝宋武帝刘裕，发动过两次北伐战争。

（3）《无题》（4分钟）

李商隐：误入党争，一生不得志，仕进无门，只做过县尉之类的小吏。但作为诗人，他留下了许多脍炙人口的名句，如"夕阳无限好，只是近黄昏""桐花万里丹山路，雏凤清于老凤声"，他找到一条属于自己的独特道路。无题诗是他的独创，无题，无可命题。因为难言，所以无题。他一生中写得最好的诗歌几乎都是为情所作，一起朗读李商隐笔下的"意难平"："相见时难别亦难，东风无力百花残。""昨夜星辰昨夜风，画楼西畔桂堂东。""此情可待成追忆，只是当时已惘然。""秋阴不散霜飞晚，留得枯荷听雨声。""身无彩凤双飞翼，心有灵犀一点通。"

关于本诗主题之争，更多人倾向第一种，其实按一些书中记载，李商隐也没有和宋华阳恋爱。诗歌受到后人的喜欢，绝对不是因为它背后的故事，而是诗歌将相思之愁写得真，写得深，让读者感动。

意象——春风无力、百花凋零、春蚕吐尽丝、蜡烛流光烛油、照见青春有无的镜子、月光清寒、距离不远的蓬山、打探消息的青鸟。（生齐读）

氛围——无奈、惆怅、伤感。（因为时间关系，请同学们课下反复朗读，运用本节课学到的读诗方法，读出感觉。）

表达情感——难舍难分，对爱坚贞，相思难耐、惆怅伤感。

发现：①心上秋，秋生愁；②无秋，春亦生愁；③一切景语皆情语；④知人论世是诗歌解读方法之一……

3. 小结——读诗方法（1分钟）

诗词品析的角度、方法如图3所示。

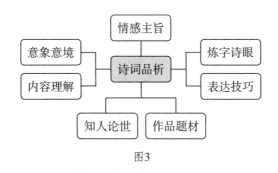

图3

这节课，我们从内容理解、意象意境，以及诗人所处时代的"知人论世"、情感表达等方面进行了解读。当然读诗的方法还可以从炼字、表达技巧等方面进行，将作为今天的一个作业去完成。

（三）揽"愁"掂轻重（8分钟）

学者朱光潜说过："人生世相，在健康的常人看来，本来是不过尔尔，朦胧马虎地过活，是最上的策略。认识文艺的人，对于人生世相往往见出许多可惊可疑可痛哭流涕的地方，这种认识往往不容许他抱鸵鸟埋头式的乐观。"（生齐读）

三位诗人愁，因爱恋相思而愁，因思乡、忧国、伤今、怀古而愁，因报国无门壮志未酬而愁……

在漫漫古诗词长河中，愁情表达是一大母题，所占比例之大，出现频率之高，包含愁情种类之多，蔚为壮观。一起来读——

① 月落乌啼霜满天，江枫渔火对愁眠。（张继《枫桥夜泊》）

② 日暮乡关何处是？烟波江上使人愁。（崔颢《登黄鹤楼》）

③ 剪不断，理还乱，是离愁。别是一般滋味在心头。（李煜《相见欢》）

④ 我寄愁心与明月，随风直到夜郎西。（李白《闻王昌龄左迁龙标遥有此寄》）

⑤ 莫愁前路无知己，天下谁人不识君。（高适《别董大》）

⑥ 薄雾浓云愁永昼，瑞脑销金兽。（李清照《醉花阴》）

⑦ 闺中少妇不知愁，春日凝妆上翠楼。（王昌龄《闺怨》）

⑧ 只恐双溪舴（zé měng）艋舟，载不动许多愁。（李清照《武陵春》）

⑨ 问君能有几多愁？恰似一江春水向东流。（李煜《虞美人》）

打开学案，完成两个任务——

学习任务：

（1）你能归纳以上"愁"的种类吗？（思考后，齐答）

（①②乡愁，③④⑤离愁，⑥⑦⑧闲愁，情愁…）

（2）你是如何看待诗人们的愁？（提问学生）

参考：这些愁，有个人的羁旅思乡、爱恋相思，有浓重的家国之愁。

相信经过这一课的学习，你们会发现：从李商隐的爱情誓言中，我们可以感知——天不老，情难绝，只要有青春，就会有爱恋，只要有别离，就会有相思，只要有心意，就一定有那些寄不出去的情书。

而许浑等人面对风雨飘摇中的衰微国势，愁情涌上，辛弃疾的抗金大志未酬的愁更让人感动！

人生路漫漫，愁情永相伴。（出示：怎一个愁字了得！）相比李商隐的愁，相比许浑、辛弃疾的愁，我们的愁是轻的，是微不足道的，是可以化解的——成绩退步了，再努力；生意亏空了，再奋斗；被人误解了，找机会解释……而浓重的家国之愁，却是意难平，生逢盛世的我们，要有"生于忧患死于安乐"的忧患意识和家国情怀！莫忘"国家兴亡匹夫有责"，莫忘"少年壮志不言愁"！请我们再次齐读今日三愁。

（四）思"愁"意悠悠（1分钟）

★必做题

背诵并默写三首诗词。

★选做题

（1）从炼字或表现手法上，任选一首诗（词）继续品读，写成一段文字。

（2）仿照示例，任选一首诗歌，写朗读脚本。

示例：《钱塘湖春行》——首联起笔叙述诗人游春行踪，朗读时语调相对平稳些，"山""亭"声调稍拉长，我们可以想象骑马游春的诗人被眼前景吸引了。但见春水初涨，白云低垂，读时语调上扬，特别是"平""低"，一种喜悦扑面而来。颔联写早莺争着向阳的树，新燕衔泥筑巢，一派热闹、生机勃勃的景象，重音落在"争""啄"上，写出鸟们的活泼情态，饱含诗人赞美之情，读时语调清扬、欢快。颈联写了早春花和草。花儿次第开放，让人眼花缭乱，"渐欲"重读，强调花开过程，浅浅青草刚刚没过马蹄，"才能"轻读，"没"重读，突出草之浅。尾联写游览后对钱塘湖春景的赞叹，"最爱"两字重读，"行不足"表达的是流连忘返之意，读时可以拖长声调，"白沙堤"一字一顿，可以复读一遍。

【板书设计】

$$
愁 \begin{cases} 心上秋，秋生愁 \\ 无秋，心亦愁 \end{cases}
$$

让情在"白描"中传递

——秦观《行香子（树绕村庄）》教学设计

【教学设想】

以部编语文教材九年级上册第六单元课外古诗词《行香子（树绕村庄）》为例，复习白描手法在古诗词中的运用。课前布置学生作业，课上跨学科融入，尊重学生阅读感受，带领学生徜徉"白描"花园。

【教学目标】

在反复朗读中，理解诗句意思，体会诗人传情达意所用的表现手法。

【教学重点】

学习"白描"手法。

【教学难点】

"白描"在传情达意上的作用。

【教学时数】

一课时。

【课前作业】

1. 整理写春天的诗词2首。

2. 写下诗文中的"白描"两处。

3. 以小组为单位，准备上台演读。

【教学过程】

（一）情境导入（2分钟）

今天给大家介绍北宋词人秦观，请一起快速浏览课件内容。

秦观，字少游，号淮海居士，北宋词人（1049-1100），婉约词派一代词宗，其词"委婉含蓄，清丽雅淡"，多写男女情爱（"两情若是久长时，又岂在、朝朝暮暮。""雾失楼台，月迷津渡。桃源望断无寻处。可堪孤馆闭春寒，杜鹃声里斜阳暮。"《踏莎行·郴州旅舍》）。"苏门四学士"（黄庭坚，秦观，晁补之，张耒）之一。是苏轼最得意的门生，秦观逝世后，苏轼说"少游已矣，虽万人何赎"。明代文学家王士桢评价秦观说："风流不见秦淮海，寂寞人间五百年。"

班级举行"让情在白描中传递——走进秦观"欣赏活动，请根据活动任务，一起完成。

（二）教学过程（35分钟）

活动一：朗读比赛我来争。（25分钟）

（1）你想提醒伙伴，哪些字词需要注意？（请生上台书写，解释词义）

（2）读顺读清。请按照以下步骤：

自由读（两遍）—齐读（两遍）—描述词内容—再齐读（一遍）。

（3）给朗诵配上背景轻音乐。你觉得适合选择以下哪种乐器为主？说说理由。

（4）听读评论。请听一段朗读录音（两遍），找找优缺点。

猜想词人的心情。你从哪些词句中感受到？说说理由。（带着情感读出来！）

参考答案：肯定处语速缓慢——与当时的闲庭信步契合，回顾《钱塘湖春行》；值得商榷处语调上过于平淡，应该激扬，表现愉悦情。

背景资料：《行香子（树绕村庄）》大约作于作者创作早期的熙宁年间（1068—1077），当时作者家居，尚未出仕。在一个春天，作者乘兴游览了一座村庄，被质朴自然的村野风光所感染，因此创作了此词。

（5）再读：小组比赛读，上台展示。

最是一年春好处，春天实在是适合游玩的季节，在诗人们的妙笔生花下，春天斑斓多情。如果逐一去掉诗歌的要素，那么最后剩下的、不能再去掉的一定是情感。

活动二："白描"手法我来说。（10分钟）

欣赏诗词，除了读懂读顺、读出感情之外，还得掌握诗人和词人采用的表现手法。

（1）带领学生背诵《商山早行》《天净沙·秋思》《行香子（树绕村庄）》。

商山早行
唐·温庭筠

晨起动征铎，客行悲故乡。
鸡声茅店月，人迹板桥霜。
槲叶落山路，枳花明驿墙。
因思杜陵梦，凫雁满回塘。

天净沙·秋思
元·马致远

枯藤老树昏鸦，小桥流水人家，古道西风瘦马。
夕阳西下，断肠人在天涯。

行香子·树绕村庄
宋·秦观

树绕村庄，水满陂塘。倚东风、豪兴徜徉。小园几许，收尽春光。有桃花红，李花白，菜花黄。

远远围墙，隐隐茅堂。飏青旗、流水桥旁。偶然乘兴、步过东冈。正莺儿啼，燕儿舞，蝶儿忙。

（2）理解"白描"。

投影展示：

白描也叫粗描，原是中国绘画的传统技法之一，大致接近西洋画中的速写或素描。其特点是用简练的墨色线条来勾勒画面，赋形写意，不饰烘托，不施色彩。这种画法引入到诗歌中的创作中，成为表现手法，用最简练的笔墨，不加烘托渲染，文字简练朴素，描画出鲜明生动的形象，创造出一个简洁而生动的意境。

细描：也称工笔。是对事物的主要特征作细致入微的刻画。这种描写，文字绚丽，色彩斑斓，有如镂金错彩，绚丽华美。常运用对比、比喻、拟人、夸张等修辞手法，长篇中常用。

（3）探究：白描在古诗词中的作用。

①描写景物：不尚华丽，务求朴实，传达人物情感。

除了理解在写景上用白描手法，可让人快速抓住景物的特征，体会作者所寄寓的感情。

②刻画人物：不绘背景，只突出主体，直逼人物灵魂。

下面为部编语文教材八年级下册的一首古诗：

卖炭翁（节选）

唐·白居易

卖炭翁，伐薪烧炭南山中。

满面尘灰烟火色，两鬓苍苍十指黑。

卖炭得钱何所营？身上衣裳口中食。

可怜身上衣正单，心忧炭贱愿天寒。

夜来城外一尺雪，晓驾炭车辗冰辙。

牛困人饥日已高，市南门外泥中歇。

在这首小型叙事诗中，作者以白描的手法，成功地塑造了卖炭老翁的形象。"满面尘灰烟火色，两鬓苍苍十指黑。"这十四个字的肖像描写，不仅准确地表现了卖炭翁的职业和年龄特征，而且使人想到他的辛酸劳作和痛苦生活。长期受烟火熏烤使皮肤变色，终日扒摸木炭把十指沾黑，而"两鬓苍苍"又表现出卖炭翁的凄楚和衰老。这样拼死拼活的苦干，只不过为了"身上衣裳口中食"，挣点钱勉强度日。用白描手法刻画人物，三言两语就能揭示人物的外貌、神态，使读者如见其人。

③叙写事件：不求细致，只求简明，道尽诗词主题。

田 家

唐·聂夷中

父耕原上田，子劚（zhú）山下荒。

六月禾未秀，官家已修仓。

这首诗表现田家的悲苦命运，没有大肆铺张笔墨，用语简练，诗人冷静地叙述田家的生活与遭际：父亲在原田上耕种，儿子在山边开垦荒地，他们不惜流血流汗，想尽办法扩大耕种，增加收获，以维持生计，图个日子过得好一点。然而，在青黄不接的六月，田地里的庄稼还没有成熟，"官家"早已迫不及待地修缮粮仓，张开血盆大口，只等着禾苗成熟，便如数搜刮进自己的仓里。全诗没有半句议论与抒情，却深刻地揭示了农民深受苦难的根源。用白描手法用于叙事，使人感到线条明晰，言简意真。

（三）作业布置（2分钟）

把《行香子（树绕村庄）》改写成一篇小散文，字数300字左右。

【板书设计】

让情在"白描"中传递

——《行香子（树绕村庄）》（秦观）

上片——徜徉小园　　景：春光明媚色彩明丽万物竞发——白描

下片——纵目远望　　情：对田园风光的喜爱

　　　　信步田野

雨中情意知多少

——《夜雨寄北》和《十一月四日风雨大作》（其二）群诗阅读教学设计

【教学设想】

基于七年级学情特点，在入学以来学生已经学过八九首古诗的基础上，整合课外古诗两首，教学生读诗歌的方法，把学习主动权还给学生，而不是停留在简单的读读背背上。

【教学目的】

整合两首含"雨"的古诗，抓住"雨"这一意象，运用还原法、比较法、朗读法等，以角色代入的方式让学生感受诗人情怀，品读诗歌艺术，激发学生情感共鸣。

【教学重难点】

比较法分析两首诗歌在结构思路、感情变化等方面的异同点，"咬文嚼字"品读深情。

【教学时数】

一课时。

【教学过程】

（一）情境导入（3分钟）

大家发现了没？《夜雨寄北》和《十一月四日风雨大作》（其二）有个共同字——"雨"，（出示"雨"的甲骨文）古人造字摹形，简简单单，但在诗人笔下却栩栩如生，承载着诗人或喜或悲之情。

还记得小学学过的这些诗歌吗？让我们一起重温雨之歌！

夜来风雨声，花落知多少。（《春晓》）

好雨知时节，当春乃发生。（《春夜喜雨》）

春潮带雨晚来急，野渡无人舟自横。（《滁州西涧》）

清明时节雨纷纷，路上行人欲断魂。（《清明》）

水光潋滟晴方好，山色空蒙雨亦奇。（《饮湖上初晴后雨》）

黑云翻墨未遮山，白雨跳珠乱入船。（《六月二十七日望湖楼醉书》）

渭城朝雨浥轻尘，客舍青青柳色新。（《送元二使安西》）

雨中情意知多少，今日请和老师一起学习《夜雨寄北》和《十一月四日风雨大作》（其二）。

设计意图：以小学学过的部分含"雨"的诗歌重温入场，自然过渡到本节课整合的两首诗歌。

（二）识读与赏读（35分钟）

1. 识读（10分钟）

（1）自己小声读一遍，不会的读音举手请教→齐读一遍→按照知识链接，师生一起再读一遍。

知识链接1.

节奏：223。从生理特点来说，两字一顿是最自然的停顿，所以古诗词最基本的节奏就是两字一顿；按照字词的意义来划分节奏。当两者不一致时，应该按照意义单位服从节奏单位的原则去划分节拍。

知识链接2.

一、二声的字，在古汉语中一般为平声，读时声音要延长，语调要升高；三、四声的字，在古汉语中为仄声，读时声音要短促，语调要降低。

（2）结合注释以及幻灯片上补充的字词意思，用自己的语言说说两首诗歌的意思。

①第一首。

君：对对方的尊称，等于现代汉语中的"您"。

归期：指回家的日期。

秋池：秋天的池塘。

共：一起。

剪西窗烛：剪烛，剪去燃焦的烛芯，使灯光明亮。这里形容深夜秉烛长谈。

请学生说第一首诗歌的大意：你问我回家的日期，归期难定，今晚巴山下着大雨，雨水已涨满秋池。什么时候我才能回到家乡，在西窗下我们一边剪烛一边谈心，那时我再对你说说，今晚在巴山听着绵绵夜雨，我是多么思念你！

②第二首。

僵：僵硬，僵直。

孤村：孤寂荒凉的村庄。

尚思：还想着。

阑（lán）：将尽，如"岁阑""夜阑人静"。

冰河：冰封的河。指北方的河流。

请学生说第二首诗歌的大意：我直挺挺躺在孤寂荒凉的乡村里，没有为自己的处境而感到悲哀，心中只想着替国家守卫边疆。夜将尽，我躺在床上听到那风雨的声音，迷迷糊糊地梦见，自己骑着披着铁甲的战马跨过冰封的河流出征北方疆场。

设计意图： 由于借班上课，不清楚学生工具书有没有带来，只能让学生自己结合注释和幻灯片上补充的内容，弄清诗歌节奏，明白字义、句意等是学习初级阶段必备的事实性知识，是进一步学习的必要前提。

2. 赏读（25分钟）

（1）请学生小声赏读部分文字，圈画关键词语、句子等，不懂之处做记号。（2分钟）

设计意图：巧妙利用课外自读诗歌的资料，为进一步比较欣赏做好铺垫。

（2）出示表格，共同完成。（13分钟）

表7

比较点	同	异	
		《夜雨寄北》	《十一月四日风雨大作》（其二）
写作背景	雨夜	羁旅、思亲	年老、体病、壮志难酬
结构思路	眼前→想象		
表现手法	虚实结合	双关、反衬	象征
感情变化（感情基调）	沉重→轻松（低沉→昂扬）	触发点：羁旅、思亲	触发点：年老、生病、壮志难酬

设计意图：通过表格的形式，对两首诗歌作整体比较。

① 写作背景（诗人在什么样的心境下写的）。

幻灯片插入：

李商隐，字义山，号玉谿生，唐代诗人。与杜牧合称为"小李杜"。与温庭筠合称为"温李"。因受牛李党争影响（因娶李党王茂元之女而得罪牛党），被人排挤，仕途潦倒。与妻子王氏情深意切。诗人在巴蜀羁旅中，在巴山夜雨涨秋池之中，写下这首相思曲。

陆游，南宋文学家、史学家、爱国诗人，陆游出生于名门望族，少年时便深受家庭爱国思想的熏陶，陆游的父亲通诗文，有节操，后来因为主张抗金而受到主和派的排挤，辞官居家。陆游出生于两宋之交，成长于偏安的南宋，民族的矛盾国家的不幸，家庭的流离，给他幼小的心灵带来了不可磨灭的印记。南宋绍兴二十八年（1158年），陆游初入仕途，然而陆游的官场生涯不是一帆风顺的，朝堂上的波涛汹涌令他毅然辞官，闲居家乡，1171年，朝廷征召已赋闲四年的陆游到定军山等战略要塞任职，并在大散关巡逻。其间，陆游提出收复中原的战略计划，朝廷否决了他的建议，陆游无比忧伤。大散关一带的军旅生活是陆游一生唯一的一次亲临抗金前线，力图实现爱国之志的军事实践，这段生活虽然只有八个月，却给他留下终生难忘的记忆，年迈时的陆游深知，收复国土的强烈愿望在现实中不能实现，于是在一个风雨大作的夜里，他触景生情，写下《十一月四日风雨大作》二首，在梦中实现金戈铁马、驰骋战场的夙愿。

幻灯片：

十一月四日风雨大作（其一）

风卷江湖雨暗村，四山声作海涛翻。

溪柴火软蛮毡暖，我与狸奴不出门。

联系《示儿》"死去元知万事空，但悲不见九州同。王师北定中原日，家祭无忘告乃翁"，说说诗人在诗中蕴含的情感。

设计意图：诗人在什么样的情境之下写的，这是解构诗歌的钥匙。适当地插入与联系旧有的诗歌，给学生搭建支架，前后勾连，帮助理解。

② 结构思路：比如《江南逢李龟年》（生背诵）的结构思路是从往昔到眼前，《行军九日思长安故园》（生背诵）的结构思路是从眼前到想象。这两首诗歌前两句都是眼前，后两句都要想象。在彼时彼境，无法实现的愿望，只能想象，因为想象，日子也美丽起来，壮阔起来。想念一个人，可以想象重逢之日；心怀天下苍生，时运不济，一个人的命运也是民族命运的缩影，然而爱国激情依旧执着、深沉热烈，无论何时何地都要想着胜利之时。

设计意图：联系第三单元课外古诗词两首，厘清结构思路，思路清晰了，情感才会明朗起来。也自然能够解答表格中的"表现手法"。

③ 表现手法：虚实结合。《行军九日思长安故园》前两句实写，后两句虚写，而这两首诗歌也是如此。

《夜雨寄北》反衬和《十一月四日风雨大作》象征（"风吹雨"）可放在"诗人们是如何表现自己的情感"之时带入，不去刻意填空。

④ 感情变化可以先淡开不谈，思考：谁的情更重？哪个诗人形象更让你同情？请从诗歌中寻找关键语句来说明。（10分钟）

A. 预设李商隐。

"君问归期未有期"：模拟问话，体会妻子的期盼与诗人的无奈。（联系温庭筠《望江南》中的女子，感受羁旅之愁、欲归不得的相思之苦。）

"巴山夜雨涨秋池"：请学生抓住一个字——"涨"，你读到了什么信息？眼前景、此时情，一字双关啊！雨量之大，归期未定，一日不见如隔三秋，思念之深，尽管"两情若是久长时，又岂在朝朝暮暮"，然而爱如潮水，何止是"涨秋池"，也许黄河、长江、太平洋都涨起来了。（表现手法：双关）

"何当共剪西窗烛，却话巴山夜雨时"：好一幅温馨浪漫的画面！既然眼前见不得，那就在来日，"何当"何时能够，何时将要，是从第一句这一现实中迸发出来的，"共剪"烛芯，"却话"今日彼此的思念，现实本是独剪残烛，夜深不寐，在淅淅沥沥的巴山夜雨中阅读妻子询问归期的信，而归期无准，其心境之郁闷、孤寂，是不难想见。作者却跨越这一切去写未来，盼望在重聚的欢乐中去追话今夜的一切。于是，未来的乐自然反衬今夜的苦，今夜的苦又成了未来剪烛夜话的话题，增添了重聚时的乐。

李商隐的诗歌，后人评价李商隐的诗歌晦涩难懂，就像"相见时难别亦难，东风无力百花残""此情可待成追忆，只是当时已惘然"等，但是这首诗歌容易理解，深深打动我们的心扉。

B. 预设陆游。

"僵卧孤村不自哀"：从"僵卧""孤村"读出什么？

（体验对话学生：一个人穷困、生病时最想什么？）年老、体病，生活窘困，一般人是怎样面对的，而诗人呢？还"不自哀"，因为诗人的爱国热忱达到了忘我的程度，已经不把个人的身体健康和居住环境放在心上。

"尚思为国戍轮台"：是对上一句的解释。他何尝不知道现实是残酷的，是不以人的意愿为转移的，他所能做的，只是"尚思"而已。这两句集中在一个"思"字上，表现出诗人坚定不移的报国之志和忧国忧民的拳拳之念！犹有"老骥伏枥，志在千里"的气概。

"夜阑卧听风吹雨"：从"夜阑"二字读出了什么？（诗人彻夜未眠？）

"风吹雨"你觉得就是风雨交加吗？（象征岌岌可危的南宋王朝。）

"铁马冰河入梦来"：后两句是前两句的深化，集中在一个"梦"字上，写得形象感人。诗人因关心国事而形成戎马征战的梦幻，以梦的形式再现了"戍轮台"的志向，"入梦来"反映了政治现实的可悲——诗人有心报国却遭排斥而无法杀敌，一腔御敌之情只能形诸梦境。

两首诗歌的感情基调：沉重、压抑，是低沉的→带着憧憬、美好，是昂扬的。

请学生再读读。

⑤ 小结。

一场雨，李商隐表现的是羁旅在外，个人的思念之情，即使在巴山夜雨那样的愁苦之中，幸福也是可以遥望的；陆游表现的是年老体病家国情怀，而在中国古典诗词里，家国情怀犹如一条延绵不绝的河流，澎湃着每一个中华儿女的血脉，它铸造了坚韧不屈的精神图腾，灿烂了中华文明的历史文化。

板书：个人相思←雨→家国情怀

谁轻谁重，一目了然。但是，今天想告诉同学们的是：因为相思，人类的爱情变得美好；因为心怀天下，我们的人生变得格外有意义。少年强则国强，无论何时，在我们心中，国，最重。

设计意图：开发"谁的情更重？哪个诗人形象更让你同情？"这一问题，去审视古诗中蕴含的丰富的生命价值、文化价值等教学资源，教孩子们沉入诗歌内核，学会抓住关键词语，以还原代入法来体验诗人的浓重情感，思考生命的价值。

（三）美读结语（2分钟）

南宋词人蒋捷词《虞美人听雨》（生齐读）"少年听雨歌楼上，红烛昏罗帐。壮年听雨客舟中，江阔云低、断雁叫西风。而今听雨僧庐下，鬓已星星也。悲欢离合总无情，一任阶前、点滴到天明。"人生境遇不同，听雨的感受也是不同的，少年不识愁滋味啊，长大后有了一点阅历，再历点沧桑之后，明白原来寻寻觅觅幽幽暗暗反反复复的人生体验啊，都化在雨声之中。

同学们长大后，一定会想起今天学习的这两首雨之歌。

请学生起立，演读（每首诗歌最后两句要重复读一遍），教师报幕。

设计意图：以另外一首蒋捷的词营造氛围，呼应本课"雨"，演读收束课堂。

【板书设计】

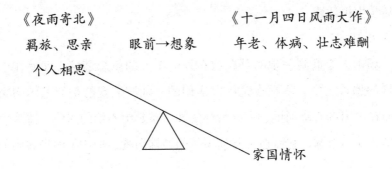

雨中情意知多少

《夜雨寄北》　　　　　　　　《十一月四日风雨大作》

羁旅、思亲　　眼前→想象　　年老、体病、壮志难酬

个人相思

家国情怀

中国人失掉自信力了吗

【教学目的】

1. 预习全文，结合注释及相关的历史背景，明确文章的主要内容。（第一课时）

2. 从多种角度，品味文章的妙处，从中学到写驳论文的技巧。（第二课时）

3. 透过文字体会作者的感情，激发自己的爱国情感。（第一课时）

【教学重难点】

从多种角度，品味文章的妙处，从文章中学到写驳论文的技巧。

【教学时数】

两课时。

【教学方法】

预习法、品读法、讨论探究法。

【教学过程】

第一课时 教学内容概述

（一）课前预习作业

（1）通过课前资料补充，使学生了解写作背景，有助于厘清文章思路。

（2）圈画文中的生字词，查找意思，自选其中的三个词语组成一段话，要求句意衔接，表意完整，词语顺序不拘，60字左右。

慨叹　玄虚　醒悟　抹杀　渺茫　舍身求法　搽

自欺欺人　诓骗　笼罩　不足为据　脂粉

（3）思考几个问题：本文的中心论点是什么？它是如何被提出来的？它被提出的方式与我们学过的议论文《应有格物致知的精神》有什么区别？

（二）课堂内容

（1）展示连词成段，目的是考查学生对这些词语的理解掌握程度。

（2）解决两个问题：一是感受全文，文章为何而写？（目的是借助资料及课下注释，了解作者写作的原因）二是提炼全文，文章是何主旨？（目的是引导学生找出文章观点之后，梳理文章的思路、结构，懂得区分驳论文和立论文）

（三）课后作业

你觉得这篇文章妙在何处？请从标题、结构、内容、语言等方面思考。

第二课时　品妙处，学作文

（一）导入（3分钟）

上一节课我们一同学习了《中国人失掉了自信力了吗》，厘清了本文的论证思路，懂得了驳论文的思路：先树靶子（摆敌论论点），再打靶子（驳敌论论据），最后立观点（证明自己观点）。

有人说不喜欢鲁迅的文章是因为文章表述的事件、反映的背景距离现在的我们较远，这种看法太狭隘了，其实单从写作的角度来品这篇文章，我们可以找到本文的许多妙处，从中学习写驳论文的一些技巧，接下来让我们一同进入本节课学习的主题吧！

（二）内容（35分钟）

幻灯片展示：品妙处，学作文。

教师点拨：妙处就是一首诗、一篇文章中为表现主旨所运用的技法和所达到的效果，简单说妙处就是让你说说这首诗、这篇文章这样写好在哪里。

建议大家从三个方面考虑：文章的结构妙在哪里？文章的标题妙在哪

里？语言妙在哪里？

1. 结构妙（5分钟）

（1）请学生思考之后举手回答。

预设学生回答过于简单。（提示：相当于复习上节课的论证思路）

（2）幻灯片显示参考答案。

第一段先摆出对方论据，承认对方所举的都是"事实"，第二段顺理摆出对方论点即"树靶子"，第三段至第五段开始"打靶子"，即批驳对方的论据是不能成立的，按照对方的论据，作者得出：中国人现在是在发展着"自欺力"，也就是没有所谓的自信力，这是直接批驳。第六段至第八段，过渡并另立一个与对方论点对立的论点——"我们有并不失掉自信力的中国人在"，有理有据。这是间接批驳。第九段是结论，深刻揭露了反动派欺骗宣传的嘴脸，鼓舞更多的中国人充满信心、满腔热血起来战斗。

板书：结构清晰呈思路。

（3）写作启示：

同学们下笔写驳论文之前，应先确立文章的主旨，也就是你想通过驳对方的论点，还是论据，或者是论证的思路，来表达自己的什么思想，再拟好结构提纲，此时结构提纲相当重要，它好比人体的骨骼，好比建房的框架，只有它被清晰完整地支撑、建立起来了，语言文字的填充才不会偏离。

2. 标题妙（10分钟）

（1）请学生思考之后举手回答。

预设回答：标题设置悬念，吸引读者的阅读兴趣。

板书：标题引读者兴趣。

（2）点拨：标题以问句的形式出现，从读者的角度上看，确实有很大的吸引力。如果仅此而已，这妙处谈不上，甚至有随大众的倾向，想想如果让你在标题后面增加两个标点符号，你会选择什么？（幻灯片出示）

（3）请几位学生上台板书，并说说理解。

预设学生可能会和教师提供的参考答案一样，说出的理由也大同小异。

（请学生大声读两遍——中国人失掉自信力了吗？中国人失掉自信力了

吗！）想一想，标题是不是还包含着作者的感情？包含哪些呢？

标题是文章的眼睛，这是一双对国民党反动派及其统治者散布的悲观亡国论调的愤慨之情的眼睛！这是一双仍对国家、民族的未来满怀希望之情的眼睛！

板书：标题显作者感情。

（4）再点拨：再从文章的思路上看，一个标题实际上还暗含着作者的思路——先驳对方，再立自己。

板书：标题明文章思路。

（5）小结写作启示：俗话说"看书先看皮，看报先看题"，一个标题居然也是一座宝藏，给我们写作上带来启示。今后，同学们写驳论文时，也可以借鉴，如《中学生可以谈恋爱吗》《中学生带手机进校园可以吗》《老人摔倒了可以不用扶吗》等。

3. 语言妙（20分钟）

（幻灯片出示）赏析语言可以从修辞手法、词语运用、语言风格、句式特点（长短句、设问句、反问句、排比句、倒装句、双重否定句等）、言外之意、表现手法等方面进行。

（1）有关修辞手法（运用常见的一些修辞手法，如排比、比喻、反问、拟人、夸张等，往往能收到意想不到的结果）。

① 请学生展示预习结果，举手回答。

② 预设学生回答过于简单，对排比、比喻掌握较好，对仿词感到陌生，教师进行知识补充。

▲反问：（无疑而问，明知故问）第八段首句"这一类的人们，就是现在也何尝少呢？"

表达效果：使表达的意思更肯定，语气更强烈。

▲排比：（区别于文学作品中的排比效果——结构上的匀称美，增添文章的气势美）

A. 从公开的文字上看起来：两年以前，我们总自夸着"地大物博"，是事实；不久就不再自夸了，只希望着国联，也是事实；现在是既不夸自己，也不信国联，改为一味求神拜佛，怀古伤今了——却也是事实。

表达效果——结构上：句式整齐，语气强烈，无法辩驳；内容上：强调突出了作者对敌方论据的肯定，为下文的辩驳预设打靶的目标。

B.第七段排比的表达效果：内容上强调突出了自古以来没有失掉自信力的中国人很多。

▲ 比喻：区别于文学作品中的比喻效果——使表达的对象更加形象生动。

第九段：要论中国人，必须不被搽在表面的自欺欺人的脂粉所诓骗，却看看他的筋骨和脊梁。自信力的有无，状元宰相的文章是不足为据的，要自己去看地底下。

脂粉——美化、伪装。

筋骨和脊梁——有气节、有硬骨头精神的人。

状元宰相——国民党反动政客及御用文人。

地底下——地下党组织、地下工作者。

运用比喻有什么表达效果呢？请用本义替换过来读。

谈表达效果：改动后太直白，没有原先的形象，表达不出作者对两者的态度不同——嘲讽和赞颂。

▲ 仿词：A.（幻灯片出示定义）根据表达的需要，更换现成词语的某个语素或词，临时仿造出新的词语，去改变原来特定的词义，创造出新义，这种修辞手法叫做仿词。

举例：草木皆兵　　家庭妇男

表达效果：幽默风趣或讽刺批判。

B.请学生快速从文中寻找。

C.参考答案：

第三段和第四段的"他信力"——由"自信力"仿造出，揭露了敌方论据中自欺欺人的本质。

第五段的"自欺力"——由"自信力"仿造出，揭露了国民党反动统治者求神拜佛、自欺欺人的本质。

写作启示：板书——巧用修辞显文采。

（2）有关词语运用（文学作品中往往找动词、形容词，而应用性作品，包括说明文和议论文，宜赏析副词或其他修饰、限制的词语，这些词语使表意更准确、严密或者更生动形象）。

① 抛砖引玉：建议采用删字法进行比较。

比如：我们有并不失掉自信力的中国人在。→我们有不失掉自信力的中国人在。（"并"起强调作用，表示客观事实的存在。）

② 一起动脑：（幻灯片显示经过处理之后的第一段文字）

从（公开的）文字上看起来：两年以前，我们（总）自夸着"地大物博"，是事实；不久就不再自夸了，（只）希望着国联，也是事实；现在是既不夸自己，也不信国联，改为（一味）求神拜佛，怀古伤今了——却也是事实。

请学生比较原文，说说括号内被删掉文字的作用。

③ 请学生思考之后举手回答。

④ 参考答案：

"公开"一词（结合课下注释①）暗示国民党反动派还有许多不愿或不敢公开见不得人的事情。

"总"带有经常性的，老是这样，刻画出国民党反动政客及其御用文人那副自我炫耀、夜郎自大的样子。

"只"写出这些人把国联当作救命草的一副摇尾乞怜的嘴脸。

"一味"（盲目地，不顾客观条件，单纯地，比如"他谁的话都不听，一味胡闹"）写出国民党的一些官僚和社会名流在山穷水尽之后，沉迷求神拜佛之中且顽固不化的样子。

板书：词语运用多斟酌。

（3）有关语言风格（文章的语言风格往往因文而异，因人而异，有的生动形象，有的优美感人，有的语言质朴简明，通俗易懂，有的幽默诙谐，生动风趣，有的犀利尖锐，一针见血，等等）。

板书：语言风格——尖酸泼辣，富于讽刺。

删掉的文字尖酸泼辣，富于讽刺，无怪乎大家评价鲁迅的杂文是匕首，这一句句掷地有声的话就像一把把匕首直插反动派胸膛，同时文字又富有战斗力，鼓舞了当时多少中国人的士气！今天读来，我们可以想象鲁迅当年在病榻上坚持写作摇旗呐喊的情景！

（4）写作启示。

一篇文章，结构立起来还不够，还需要讲究语言的运用。要考虑多用一些修辞手法，关注词语的运用，语言风格的选择，等等。

4. 其他妙处给我们写作上的启示

这篇驳论文在素材的选择上也带给我们写作上的启示——作者抓住当时弥漫在周边的国民党反动派散布的错误论调，能够敏锐捕捉时代热点、话题展开驳论。

板书：素材选择——善于捕捉时代热点话题。

（三）学以致用——作业布置（5分钟）

（幻灯片出示）下面是某些人认为中学生可以谈恋爱的理由，请认真阅读完之后，模仿《中国人失掉自信力了吗》进行写作，要求：以《中学生可以谈恋爱吗》为题，写成600字左右的驳论文。

幻灯片资料：

可以谈恋爱的理由：

（1）初恋是纯真的，美好的，尽早尝一尝滋味，满足好奇心挺好的。

（2）可以缓解繁重的学习压力，给沉闷的学习生活增添乐趣。

（3）谈恋爱可以增强斗智斗勇的意识。

（4）从法律角度上说，《未成年人保护法》中并没有限制，而且目前我国法律规定，年满14岁的青少年如果犯法，视其情节，可以判刑，说明我们已经具备民事行为能力，所以谈恋爱属于一个合法公民的自愿，谁都无权干涉。

第四章

初中语文阅读教学微课窗口

句子的衔接与排序

微课学习目标

　　针对部分考生对中考句子的衔接与排序这一题型容易失分的现象，以四种题型，结合例题，教会学生审题以及答题技巧，为中考一轮复习增添迎考信心。

微课学习内容

一、题型与考查能力

　　"句子的衔接与排序"有四种题型：补写句子（单句）、选填句子（单句）、选择式衔接排序（多句）、填空式衔接排序（多句）。

　　考查能力：句子的衔接与排序主要考查语言运用的简明、连贯与得体，看似简单，实则比较复杂，得分率一般不高，有较强的区分度。福建中考语文的句子的衔接与排序主要考查语句间的连贯和句子的完整性，所以，在某种意义上，这种题型也可以说是考查考生对句子的理解能力、表达能力，甚至写作能力。

　　分值：2~3分

二、例题与解题技巧

（一）第一种题型：补写句子

解答这类题目建议从以下步骤进行：

1. 判断要补写的句子与上下文的关系

（1）从横线位置角度来看。

① 开头：总起句，对文段有着领起或概括的作用。

② 中间：过渡句，即承上启下，总结前文，引起下文的句子。照应句，即前面提出的问题，后文有所着落，或后面出的情节，前文有所交代，前后照应，和谐统一。仿写句，即与上文或者下文的某个句子句式相同、内容相似或者相反。

③ 结尾：一般意味着横线上的句子对文段有着顺延、解释、总结的作用。

（2）从标点符号角度来看。（以下列举几种常出现的标点）

① 横线后为问号：一般需要补写提出问题的句子，后文对此问题展开解答。须抓住后文解释作答的句子，包括主语、谓语等，将其转换为问句即可。

② 横线后为冒号：一般补写总起句，下文对该句子展开解释说明或者列举。须抓住后文的句子，概括内容，进行补写。

③ 横线前后为分号：分号前后是并列式，含义、句式要一致，选词要相近；分号前后是对比式，含义、选词要相对，句式相似。

2. 根据句间关系进行补写

（1）分析横线前后句子的内容，找出与补写的句子中有关联的关键词。

（2）注意语段中关联词、中心词、标志性词语的提示作用。

（3）注意与上、下句的句式保持一致或相照应。

（4）注意标点符号。

3. 检验

通读补写后的语段，语意完整连贯，内容贴切即可。

例题一：（2019大庆）结合上下文，在画线处补写句子，使语意连贯。

在人类文明的进程里，城市的产生和发展是关键的一步。一般而言，城的发展往往早于市。①，城墙、堡垒、护城河构成防御设施，封闭是其主要特征；市的功能主要是流通，交易场所、街道是主要设施，②。从防御趋向流通，反映了由军事和政治意义的城镇向现代以经济、文化为主的城市的发展走向。

①＿＿＿＿＿＿＿＿＿＿＿＿＿＿＿＿＿＿＿＿＿＿＿＿＿＿＿＿＿

②＿＿＿＿＿＿＿＿＿＿＿＿＿＿＿＿＿＿＿＿＿＿＿＿＿＿＿＿＿

解题思路：第一步，观察横线位置，①在句子开头，填的是总起句，②在句末，起总结作用。第二步，根据句间的关系，发现①要填的是与下句"市的功能主要是流通"句式相同，再根据前一句"城的发展往往早于市"以及①后的句子中的关键词"防御"，由此判断①可填"城的主要功能是防御"；填②的句子，也是如此，在句末，联系城的末句"封闭是其主要特征"，也就是要总结出"市的主要特征"，且句式相同，根据"市的主要功能是流通"，不难写出"开放是其主要特征"，最后再检验一下，补写的句子符合语意的完整连贯。

例题二：在下面一段文字横线处补写恰当的语句，使整段文字语意完整、连贯。

整齐美观的方块字，是中华民族独有的创造和文化遗产。它不仅是几千年历史传承的记录工具，①。有了汉字，才有了唐诗的激情洋溢，宋词的婉转清雅，元曲的灵动俏丽；有了汉字，才有了张旭、王羲之等人洒脱俊逸字体的千古流传。不过，随着电子信息时代的到来，人们似乎更愿意借助键盘鼠标来沟通和完成工作，②，因而越来越多的人书写潦草，没有章法，横平竖直都难做到，更别提汉字固有的风采和韵味了。

①＿＿＿＿＿＿＿＿＿＿＿＿＿＿＿＿＿＿＿＿＿＿＿＿＿＿＿＿＿

②＿＿＿＿＿＿＿＿＿＿＿＿＿＿＿＿＿＿＿＿＿＿＿＿＿＿＿＿＿

解题思路：第一步，观察横线位置，①在句子结尾，不是对前一句子的顺延，就是总结，再观察前一句中有关联词"不仅仅"三个字，可见前后构成递进关系。第三句用两个"有了汉字"引出唐诗、宋词、元曲和书法的流传，可以填写"更是中华文化灿烂的载体"。接下来攻克②，②在句子中间，起过渡的可能性更大，结合前句的"更愿意借助键盘鼠标来沟通和完成工作"，以及下一句"因而越来越多的人书写潦草"，推断②填写的句子可为"而不愿意提笔写字"。

（二）第二种题型：选填句子（单句）

解答这类题型，可以按以下步骤进行：

（1）审清题目要求，读懂上下文，从整体上把握整个语段所表达的中心。

（2）比较各选项的异同，注意选项中答案的陈述对象是否与整个语段的陈述对象一致，表达的感情与使用的语气、句式是否协调一致，语义重点是否符合语境的需要，句子与句子之间前后的关系是否符合逻辑。在此基础上，我们不难筛选出正确答案。

（3）把选中的答案放入语段中试读，检验是否通顺。

例题一：给空缺处选填语句，衔接最恰当的一项是（　　　）

雾虽然没有大雪壮观，没有小雨缠绵，_____，它像一位慈祥的妈妈爱抚自己的儿女一样，抚摸着你的脸，使你有一种轻柔、温润之感。

A.没有春风轻柔　　　　　　B.但它十分朦胧

C.没有雷雨狂野　　　　　　D.但它十分温柔

解题思路：这个语段评价的对象是"雾"，从前面两个逗号内容看，很多考生可能就会误选A或C，如果注意到第一句的关联词"虽然"，就不会莽撞，会注意到要填写的句子与前面的句子构成转折关系，这样答案就会锁定在B或者D，再根据横线之后的内容，"慈祥""爱抚""抚摸"等词，就不可能去选择B"朦胧"，最终将D放入语段中，试读一下，句意通顺。

例题二：（2020漳州期末）阅读下面的文字，按要求作答。

生命是多么深邃①（A.shuì　B.suì）的话题，它包含着人世间一切最极致的体验。生命可以如"能够被毁灭，但不能够被打败"那般顽强，也可以如"亦余心之所善兮，虽九死其犹未悔"那般博大。生命如果有颜色，会不会看上去就像凡·高的《向日葵》和《星空》；甲？生命的意义如此厚重，无论我们怎样乙（A.尽心尽力　B.全力以赴）都不为过。因为我们生而为人，生而为众生。杰克·伦敦曾经说过一句话，愿我的生命如同那最xuàn②

（A. 煊　B. 绚）烂的流星，愿它的每一颗都绽放着动人的**丙**（A. 光辉　B. 色彩）。这也是对生命的一种诠释，生命本来就应该充满光和热。

（1）为文中①处加点字选择正确读音，根据②处拼音选择正确的汉字，只填序号。

① ＿＿＿＿＿＿＿＿＿　　　② ＿＿＿＿＿＿＿＿＿

（2）为文中乙、丙处选择最符合语境的词语填入横线，只填序号。

乙 ＿＿＿＿＿＿＿＿＿　　　丙 ＿＿＿＿＿＿＿＿＿

（3）下列填入文中甲处的语句，衔接最恰当的一项是（　　　）

A. 只要生命有态度，听上去是不是就是贝多芬的《田园》和《英雄》

B. 生命如果有态度，听上去是不是就是贝多芬的《田园》和《英雄》

C. 只要生命有态度，是不是听上去就是贝多芬的《田园》和《英雄》

D. 生命如果有态度，是不是听上去就是贝多芬的《田园》和《英雄》

解题思路：正确答案为D。比较四个选项的异同，发现A、C一组，B、D一组，排除A、C这一组，为什么呢？很明显，观察一下横线前面的句子，用的是"生命如果有……，会不会看上去……"，主语是"生命"开头，再根据谓语的格式是肯否定词+中心动词，可以排除掉B。

以上四个例题，前三个例题是独立式，就是只设置一道题，第四题是嵌入小语段中，命题者还会命制其他题型，比如考查字音和字形。命题者命制的不管是补写句子也好，还是选填句子也好，句子都是单句，也就是答案只要一个句子即可。接下来要谈的两种都是多个句子了，仍然以选择题和填空题的形式出现。第三种题型选择式衔接排序（多句），第四种题型填空式衔接排序（多句）。纵观这几年各地市的中考趋势，特别是福建省考背景下，小语段中嵌入的选择式和填空式成为主流。不管是独立题型的，还是小语段中嵌入的，其实方法步骤都差不多。

（三）第三种题型：选择式衔接排序（多句）

第一步：确定语段首句。

从选项角度判断。分为两类，一类是势均力敌型的选项构造，也就是各有两个选择项旗鼓相当，都是各以某句开始，遇到此类题目，我们可以把首句代入后，去分析余下的句子，余下的句子仍旧可以用排除法分析。

例题一：（2019湖北十堰中考）将下面句子组成语意连贯的一段话，填写在横线处，排列最合适的一项是（　　　）

牛能大量进食，＿＿＿＿＿，＿＿＿＿＿。＿＿＿＿＿，＿＿＿＿＿。＿＿＿＿＿，对充满智慧的经典作品就得深读精思，反复品味，如同牛的"反刍"一样，含英咀华，直至得其精髓。

①读书有精读与泛读

②读书也应当学会"反刍"，我们应当比牛更聪明，因为我们会思考

③读书要讲求智慧

④牛的雄健与善于反刍很有关系

⑤它不断地咀嚼，以助消化吸收

A.⑤④②③① 　　　　　　　　　　B.④⑤②③①

C.④⑤②①③ 　　　　　　　　　　D.⑤④①②③

解题思路：首先通读语段及待排序句子，可确定第⑤句中的"它"代指前句的牛，应为首句；然后比较A、D两项，第②句中的"也应当学会'反刍'"是前一句"反刍"的顺延，所以②句承接④句。故选A。

还有一类是压倒性概率选项构造，也就是四个选项中有两个或三个选项都是以同一句开始，且多于以其他句子开头的，正确答案一般在这些选项中。

例题二：（2020厦门期末）根据要求完成下列小题。

闲xiá＿＿＿＿＿①既是一种精神现象，也是一种灵魂的状态。它是人类精神的自由和解放，人们得以沉思默想并和外界和睦相处，心灵因而获得力量和滋养。由此，我们把握住了理解整个世界及其最深邃本质的qì＿＿＿＿＿②机。古人曾经深谙甲（A.熟悉　B.背诵）闲情之妙，"从今若许闲乘月，拄杖无时夜叩门"，＿＿＿＿＿；"有约不来过夜半，闲敲棋子落灯花"，＿＿＿＿＿；"人闲桂花落，夜静春山空"，＿＿＿＿＿。而今，这种状态不知不觉消失殆乙（A.疑惑　B.几乎）尽，我们忙碌到没有时间体验自然、感受生活，更没有时间去思考人生的严肃问题。

（1）文中①②处根据拼音写汉字。

①_____ ②_____

（2）为文中甲、乙处加点字选择符合语境的解释，只填序号。

甲_____ 乙_____

（3）在文中横线上依次填入下列三个句子，恰当的一项（ ）

①意境馨香而又空灵

②心绪寂寞而又安适

③情致随性而又自然

A.②①③ B.③①② C.③②① D.①③②

解题思路：四个选项中B、C都是以③为首句，代入"从今若许闲乘月，拄杖无时夜叩门"，我们知道诗句出自陆游的《游山西村》，这首诗是记游抒情诗，写了诗人体验江南农村生活的悠闲自在，将"情致随性而又自然"代入是合理的，诗句"有约不来过夜半，闲敲棋子落灯花"出自宋朝赵师秀的《约客》，诗人与人约会，但客人迟迟不来，从原来的焦躁不安、寂寞到心绪渐稳，陶醉于窗外景，这便是安适了。如果不放心，可以继续将①代入"人闲桂花落，夜静春山空"，而这首诗选自王维的《鸟鸣涧》，这首诗写山间春夜的幽静与美丽，诗人的禅心与禅趣一以贯之地体现出来。

温馨提示：以上"从选项角度判断"的方法虽然可以提高效率，但在判断的过程中，还需要选取句子中的关键词来验证选项答案是否正确，不可完全依据选项确定答案。比如以下两道题就不行。

例题三：（2020·福建）阅读下面的文字，按要求作答。

《离骚》是屈原的代表作，表现诗人的chóng①（A.崇B.祟）高理想与爱国精神。诗歌分为两部分：前半部分是对历史的回溯②（A.sù B.shuò），叙述诗人的家世、出身以及辅佐楚王的经历；后半部分书写诗人对未来道路的探索甲（A.历程 B.里程），通过神游天地寻求真理而不得的陈述，表达对理想的不懈追求。诗人大量运用"香草美人"的比兴手法、乙（A.琳琅满目 B.丰富多彩）的神话传说和摇曳多姿的艺术想象，丙。

（1）根据拼音为文中①处选择正确的汉字，为文中②处加点字选择正确

的读音。（只填序号）

① _____ ② _____

（2）从文中括号内选择符合语境的词语分别入甲、乙处。（只填序号）

甲 _____ 乙 _____

（3）下列三个句子填入文中丙处，排序恰当的一项是（ ）

① 开创了中国浪漫主义诗歌的优良传统

② 创作了文采绚烂、结构恢宏的不朽诗篇

③ 生动表现了抽象的意识和诗人高洁的志趣

A.①②③ B.①③② C.②①③ D.③②①

解题思路： 如果按照刚才讲的两个题型，明显属于压倒性概率题型，粗心的同学答案可能就锁定A或者B了，但正确答案偏偏不是这两项中的任何一项。"生动表现了抽象的意识和诗人高洁的志趣"是对屈原作品《离骚》的直接评价，"创作了文采绚烂、结构恢宏的不朽诗篇"写的是屈原的艺术成就，"开创了中国浪漫主义诗歌的优良传统"揭示了其历史意义，三句为递进关系，因此正确的顺序为③②①，选D。

又如下题，如果按照刚才讲的两个题型，明显属于压倒性概率题型，粗心的同学答案可能就锁定C或者D了，但正确答案偏偏不是这两项中的任何一项。

例题四： 填入下面横线上的句子，排序最恰当的一项是（ ）

农村市场正成为新蓝海。中国社科院农村发展研究所研究员李国祥说，_____，_____；_____，_____；_____，_____。多重积极因素激发了农村消费市场的巨大潜力。

① 社会保障网络织得牢实

② 农民收入连年上新台阶

③ 农民"能消费"

④ 农民"敢消费"

⑤ 兜里有钱"愿消费"

⑥ 农村路电网等基础设施不断完善

A.①⑤②③⑥④   B.②⑤①④⑥③

C.⑥③①②④⑤   D.⑥⑤②④①③

对于这类题型，必须按照第二步来解答。

第二步：将意思上有紧密联系的句子组合成句子"单元"。

先判断哪些句子是不能分开的，按照语段思路和层次把句子"单元"进行组接整合，集零为整之后，对比剩余选项，将无法确定顺序的句子代入语段，联系上下文确定其先后顺序。

比如这道题的解题思路：通读所有语句，明确句子之间的逻辑关系。根据"收入连年上新台阶"可确定后跟"兜里有钱愿消费"，即②⑤；根据"社会保障组织得牢实"可确定后跟"敢消费"，即①④；根据"路电网等基础设施不断完善"可确定后跟"能消费"，即⑥③；再根据"消费"—"敢消费"—"能消费"之间的递进关系可确定排序为②⑤①④⑥③，故选B。

在进行句子分组时，首先要找出带有明显连缀特征的句子，如先找出不同句子中重复出现的词语或者关联词、代词以及表时间、地点的词语，然后据此进行句子间的连缀排列。如果没有明显的连接词，则寻找句与句之间的逻辑关系（因果、递进、并列、承接、转折等）、上下句之间的暗示进行分析。

例题五：依次填入下面一段文字横线处的语句，衔接最恰当的一项是
（　　　）

马远画山水布局简妙，他善于对现实的自然景色作大胆概括、剪裁。_____。_____。_____，_____。_____，_____。这真是"虚实相生，无画处皆成妙境"！

① 他的山水画，画面上常常留出大片空白，空旷渺漠，意境十分深远

② 他的名作《寒江独钓图》，只画了漂浮于水面的一叶扁舟和一个独坐在船上垂钓的渔翁

③ 他画山，常画山之一角；画水，常画水之一涯，其他景物也十分简练

④ 然而，就是这片空白表现出了烟波浩渺的江水和极强的空间感，衬

托了江上寒意萧瑟的气氛

⑤ 四周除了寥寥几笔的微波之外，几乎全为空白

⑥ 从而更加集中地刻画了渔翁专心于垂钓的神气，也给欣赏者提供了一种渺远的意境和广阔的想象空间

A. ③①②⑤④⑥　　　　　　　B. ②⑤④⑥①③

C. ①②⑤⑥④③　　　　　　　D. ①③②⑤④⑥

解题思路：这道题有一定的迷惑性，四个选择项观察下来，②⑤是一个句子单元，首句③还是①，通读语段及所有语句，根据语段第一句中的"概括剪裁"可知，此句与③句之间存在总分关系；再根据②⑤④⑥句具体介绍《寒江独钓图》，以及①句与②⑤④⑥句之间的总分关系，可确定顺序为①②⑤④⑥。根据以上分析可确定选A。

第三步：语感检验，确定答案。

用排除法得出答案后，将答案代入语段中进行检验，以确保语段的连贯。

（四）第四种题型：填空式衔接排序（多句）

"填空式衔接排序"这种考查类型不会给出选项，而是给出多个句子，要求将句子依次填入语段空缺处，使语段语义完整。

（1）明确中心话题。看整个语段围绕什么话题进行叙述、说明或者议论，抓住语段的中心句。

（2）厘清句子思路。通过语段内容判断语段文体，一般来说，议论性语段是按照提出论点、分析论点、总结论点的思路来进行论证的。说明性语段则是按照时间顺序、空间顺序或者逻辑顺序来进行说明的。

（3）抓语言标志，把握句子之间的逻辑关系。

① 关联词语的呼应。或并列，或转折，或假设，或递进，等等。

② 代词。人称代词"他（她）""他（她）们"和物称代词"它""它们"的出现，意味着前面一定会有关于这个"人"或者"物"的表述；近指代词"这""这种"意味着代词后的内容一定是刚刚提到的。

③ 暗示性的词语。"同时""与此同时"表示并列；"与此相反""反过来说"表示相反、相对关系，中间不可插入别的词语；"首

先""其次""再次"表示主次轻重的顺序，不可倒置；"过去""现在"与"将来"表示时间先后；"总之""综上所述""由此看来"表示得出结论。

④ 句子之间的过渡、对应关系（内容上、形式上），也往往体现语言形式的一致性。

⑤ 陈述对象前后一致。抓住语言标志，可以把握句与句之间的逻辑关系，有利于确定出必然相连接的句子。

句子衔接排序较困难时，可以将意思上有紧密联系的句子组合成句子"单元"，集零为整，然后按照这段话的思路和层次对句子"单元"进行组接整合，从而完成衔接排序。

（4）检查、调整、确定。通读所排语段顺序，分析思路是否清晰，句层关系是否恰当，再最终确定顺序。

例题一：阅读下面的文字，按要求作答。（6分）

近日，李子柒从短视频内容创业者中甲（A. 脱颖而出　B. 鹤立鸡群），引发了yú_____①论广泛关注。一则因为她在推广非物质文化遗产方面的贡献，荣膺②由成都文旅局乙（A. 颁布　B. 颁发）的成都非遗推广大使；二则因为她田园牧歌式的生活在海外圈粉无数，激起了许多国家的人们对中华传统文化的兴趣和热爱，甚至还引发了许多网友对文化输出的讨论。毋庸置疑，李子柒的作品具有浓浓的中国风，事实上，_____；当然，从结果上看，_____。

（1）根据文中拼音写汉字，给加点字注音。

①处_____　　　　　　②处_____

（2）为文中甲乙处选择符合语境的词语，只填序号。

甲处_____　　　　　　乙处_____

（3）在文中横线上填入下列两个句子，正确的顺序是_____（只填序号）。

① 她的作品通过传递出精致的、文明的、可亲的、具有烟火气和人情味的中国形象让中华优秀传统文化落地不同文化语境

② 她用自己的勤奋和纤巧展示山村生活的美好部分，以期获得观众的认可和关注

解题思路：本题考查句子的衔接与连贯。这类题目重在从语段中相关语句提取关键词，并根据关键词来判断句子间可能存在的逻辑关系，比如此处有"事实""结果"两个关键词，判断这应该是因果关系或者从层级上是递进关系。①句是说明视频内容中传播的中华传统文化内涵，②句是视频本身和创作者个体表现出来的内容，所以顺序是②①。

例题二：（2019安顺改编）请将下列句子填入下面划线处，使语段语义完整（只填序号）。

研究中国文化、探究中国文化精神，_____，_____，_____，_____，_____。

① 注重田野调查

② 而要植根大地、连通地气

③ 为此，要坚持"读万卷书，行万里路"

④ 切不可坐在书斋里

⑤ 一双脚丈量写在大地上的中华文化血脉

解题思路：仔细观察五个句子，②的"而要"两个字表明剩下的四项中一定有一个句子和它是对立的，那就是④，也就是④②是一组，接着找能跟在②之后的句子，注意③中的"为此"，就要思考"此"指代什么？剩下的①⑤，不可能拆开的，因为它俩是一组的，这样想来，④②③①⑤就有很大的可能性了，通读检验下来，完全行得通。

中考古诗词鉴赏之画面描述

从考情变化看中考古诗词鉴赏之画面描述类常见题型，掌握诗歌画面描述方法，并能学以致用，避免失分。

一、从考情变化看画面描述类题型

部编教材中古诗词内容占比更是大幅提升，在近几年的中考试题中，古诗词赋分值增加，2020年福建中考"古诗词曲阅读"作出的变化和调整：

（1）考查范围：由考查2011年版课标古诗词曲40首，调整为部编教材中所有古诗词曲共84首。

（2）分值变化：由5分改为6分，一道选择题3分，一道简答题3分。简答题比之前赋分增加了1分。

部编课后习题中有出现这类题型，例如：

《野望》（八上，唐，王绩）："本诗描绘了一幅什么样的画面？说说你对诗作思想感情的理解。"

《雁门太守行》（八上，唐，李贺）："李贺作诗，工于设色，陆游就曾说他的诗'五色炫耀，光夺眼目，使人不敢熟视'。结合《雁门太守行》中表现色彩的词语，发挥想象，用自己的话描述作者呈现的画面。"

《渔家傲·秋思》（九下，北宋，范仲淹）："《渔家傲·秋思》是范仲淹镇守西北边陲时军中生活的真实写照。发挥想象，用自己的话描述作者笔下的情景，并说说这首词表达的思想情感。"

二、画面描述类常见题目形式

通过教材这几道习题，我们可以发现画面描述类常见题目形式不外如下：

请展开联想和想象，××句描绘了一幅怎样的画面？

请描绘××句所展示的画面。

××句描绘了一幅怎样的景象？请简要描述。

用自己的语言描述××句所展现的画面。

三、解题方法三步走

（一）典例分析

通过对同一个句子的几种答题情况进行比较、分析，然后得出方法技巧。

例题一：用自己的语言描述"青山横北郭，白水绕东城"所呈现的画面。（八下《送友人》，李白）

答题1：青山横卧在外城北面，流水绕着城的东边。（一般）

答题2：远远望去，青翠的山峦静静地横亘在外城的北面，波光粼粼的流水绕城东潺潺而过，好一幅动静相生、寥廓秀丽的图景！（较好）

例题二：展开联想和想象，用生动的语言描绘"争渡，争渡，惊起一滩鸥鹭"的画面。（八上《如梦令》，李清照）

答题1：奋力把船划出去，奋力把船划出去，不小心却惊起了一群的鸥鹭。（一般）

答题2：暮色中船却误入荷塘深处，词人不由惊呼：怎么把船划出去？叫声惊醒了鸥鹭。霎时，人声、水声、鸟声交织在宁静的湖面上。（较好）

通过比较，我们发现答题2比答题1更漂亮。

首先答题第一步：找全意象不可漏，句意理解是前提。意象的寻找不难，一般找名词要找全，不能缺。句意理解要正确。

答题第二步：意象修饰要找准，忠于原诗保原则。修饰意象这一名词的词语往往是形容词，同学们要找准，如果没有就要自己添加。

答题第三步：连词成句可调换，联想想象不可少。连词成句，描述景物，加上修饰语和其他句子成分，也就是说用上生动的富有艺术感的语言来丰富句子。意象可以不按原来顺序出现，联想想象是不可少的。

简而言之：先读，后找，再写。

例题三： 枯藤老树昏鸦，小桥流水人家，占道西风瘦马。

第一步，找意象（找名词）：藤　树　鸦　桥　流水　人家　古道　西风　马。

第二步，找修饰语：枯（干枯）　老（枯）　小　瘦（瘦弱、瘦骨嶙峋）。

找好名词，补充一些修饰语，呈现出来的有干枯的藤，衰老的树，黄昏时将要归巢的乌鸦，小小的桥、潺潺的流水，几处人家，古旧的道路，萧瑟的秋风，一匹疲惫不堪的瘦马。

第三步，联想想象，连词成句：一个秋日的黄昏，荒凉的古道上，西风劲吹，落叶纷飞；道旁，缠着枯藤的老树上，乌鸦已经回巢，不时地啼叫几声；不远处，在小桥流水近旁的稀疏村舍里，人们正在准备着晚餐，炊烟缕缕。这时，一个人牵着瘦马独自缓缓行进在古道上。

除了常见题型，还有变异题型，比如：

闻王昌龄左迁龙标遥有此寄

李白

杨花落尽子规啼，闻道龙标过五溪。

我寄愁心与明月，随风直到夜郎西。

诗人在"杨花落尽子规啼"一句里写了哪些景物？渲染了怎样的气氛？

变异题型更简单，三步变两步。一找意象，二展开联想。

答案：杨花和子规鸟。渲染了无限悲凉感伤的气氛。

杨花→杨花即柳絮，联想到暮春季节柳絮纷飞，有飘忽不定之感。

子规→子规即布谷鸟，杜鹃鸟，哀婉。

所以，这些景物渲染了凄凉、哀婉的气氛。

用口诀来小结一下：

> 句意理解是前提。
>
> 忠实原诗是原则。
>
> 联想想象不能少。
>
> 语言生动要做到。

（二）巩固提升

练习1：

浣溪沙

纳兰性德

身向云山那畔行，北风吹断马嘶声，深秋远塞若为情！

一抹晚烟荒戍垒，半竿斜日旧关城。古今幽恨几时平！

请你展开想象，试着描绘"一抹晚烟荒戍垒，半竿斜日旧关城"的情景。

解答思路——第一步：找全意象不可漏，句意理解是前提。

晚烟　戍垒　竿　日　关城

答题第二步：意象修饰要找准，忠于原诗保原则。

荒（荒凉，萧索）　　　　　　　旧（破旧，破败）

答题第三步：连词成句可调换，联想想象不可少。

晚烟一抹，袅然升起，飘荡于天际，营垒荒凉而萧瑟，时至黄昏，落日半斜，没于旗杆，而关城依旧。

练习2：

雁门太守行

李贺

黑云压城城欲摧，甲光向日金鳞开。

角声满天秋色里，塞上燕脂凝夜紫。

半卷红旗临易水，霜重鼓寒声不起。

报君黄金台上意，提携玉龙为君死。

课后习题：李贺作诗，工于设色，陆游就曾说他的诗"五色炫耀，光夺眼目,使人不敢熟视"。结合《雁门太守行》中表现色彩的词语,发挥想象,用自己的话描述作者呈现的画面。

我们一起看首联的解答思路。

第一步:找全意象不可漏,句意理解是前提。

云(敌军),城(城墙),甲光、鳞(日光照耀下的士兵铠甲)。

答题第二步:意象修饰要找准,忠于原诗保原则。

黑(黑色,黑压压),金(黄金色,暖色,向上的,昂扬的)。

答题第三步:连词成句可调换,联想想象不可少。

敌军滚滚而来,黑压压一片,犹如乌云翻腾,几乎要摧毁城墙;我军严阵以待,阳光照耀铠甲,一片金光闪闪。

参考答案:敌军滚滚而来,黑压压一片,犹如乌云翻腾,几乎要摧毁城墙;我军严阵以待,阳光照耀铠甲,一片金光闪闪。肃杀的秋色中,响亮的角声震天动地;寒夜里,边塞将士的鲜血凝成暗紫色。带着半卷的红旗,援军赶赴易水;天寒霜重,鼓声也像是被寒气所逼,郁闷低沉。

四、常见失分答题列举

(1)直译简单,语言干巴。

"青山横北郭,白水绕东城"(八下《送友人》,李白)

青山横卧在外城北面,流水绕着城的东边。

(2)意象不全,画面单一。

"纷纷暮雪下辕门,风掣红旗冻不翻"(九下《白雪歌送武判官归京》,李白)

傍晚时分,大雪纷纷扬扬,狂风呼啸,却拉扯不动被冰雪冻硬的红旗。(缺少"辕门"这一意象)

(3)意境乱弹,南辕北辙。

"为篱下黄花开遍,秋容如拭"展现的画面。(九下《满江红》,秋瑾)

天高气爽,篱笆下菊花开尽,一地憔悴;秋天的容颜像擦拭过一般明净。

（4）联想乱飞，不知所云。

"山光悦鸟性，潭影空人心"（八下《题破山寺后禅院》，常建）

夕日欲颓，青山隐隐，飞鸟欢唱又自在，潭中影让尘世中的杂念涤除。

五、作业练习

（1）描述"月下飞天镜，云生结海楼"呈现的画面。（《渡荆门送别》，李白）

参考：俯视江面，月亮倒映在水中，犹如从天上飞来一面明镜，澄净明澈；仰望天空，云霞飘飞，如同海市蜃楼一般变幻多姿，新奇美妙。

（2）《观沧海》"日月之行，若出其中；星汉灿烂，若出其里"描绘了怎样的景象？请简要分析。（2018年福建中考）

参考：太阳和月亮的运行，好像是从这浩瀚的海洋中发出；银河星光灿烂，好像是从这浩瀚的海洋中产生出来的。描绘了大海吞吐日月，包蕴星汉，气势恢宏，辽阔壮观。

中考文学类作品阅读之语言赏析

　　针对部分考生对中考文学类作品语言赏析题容易失分的现象，从词语、句子等方面，教会学生审题以及答题技巧，为中考一轮复习增添迎考信心。

一、微课背景与目的

　　"得阅读者得天下"。近三年福建中考语文阅读题分数为70分，其中文学性作品阅读分数稳定为20分，比重较大，但是学生平均得分不高。这节微课专题复习文学类"语言赏析"这一分值为5分的必考题型。

　　为什么说是必考？因为2011年版课标中有"欣赏文学作品，有自己的情感体验，初步领悟作品的内涵，从中获得对自然、社会、人生的有益启示。对作品中感人的情境和形象，能说出自己的体验；品味作品中富于表现力的语言"的要求，具体在赏读上，侧重点其实就是品读"情感、形象、语言"，而"语言"无疑是传递情感与形象的载体，语言是作品打动人的灵魂，要不何来贾岛"鸟宿池边树，僧敲月下门"之典故，何来"吟安一个字，捻断数茎须"之美谈？

　　在听讲之前，可以先做做近三年中考文学作品阅读题，这样有的放矢地听，听讲效果会更好！

二、题型分解与技巧归纳

文学类语言赏析大致有赏析词语、赏析句子、赏析段落三大类。很多地市在赏析命题设置题数上为两小题，一题考查词语，一题考查句子。考查段落的较少，多是单独设题考查其作用，这节微课不展开复习。就看看福建中考近三年的文学性作品阅读语言赏析这题命题设置。

2021年福建中考《春走老山界》（谭谈）第11题——联系上下文，按照要求赏析。

（1）我们此行，是去拜会红军长征途中著名的老山界。（赏析加点词语）

（2）遇到高崖，一蹦而下，化身壮丽的瀑布；遇到巨石，委曲求全，绕道而行。（赏析句子）

2020年福建中考《拜谒李时珍》（陈世旭）第12题——结合语境按照要求赏析。

（1）在沉重的呼吸里，枯瘦的村庄摇摇晃晃。（赏析加点词语）

（2）李时珍的脊梁始终那么高，又那么低。（赏析句子）

2019年福建中考《火车上的见闻》（许锋）第12题——结合语境，按照要求赏析。

（1）很幸运，"抢"到了卧铺票。（赏析加点词语）

（2）女列车员的发丝在风中飘舞。（赏析句子）

也就是说，在赏析语言上，福建中考走稳定路线：一小题考查词语，一小题考查句子。

（一）词语类

第一种赏析词语类。命题者往往抓住动词、形容词、副词、拟声词等这几种词性来命题。

（1）动词。2021年福建中考《春走老山界》和2019年《火车上的见闻》第一小题，就属于考查动词赏析。

（2）形容词。2020年福建中考《拜谒李时珍》第一小题就属于形容词赏析。

又如，福建省泉州市安溪县2021届初中毕业班学业质量《夷陵有梅》（汤世杰）考题"品析文章第①段中画线句'那些将开未开的小花苞，拳拳地咕嘟着，紫褐色胞衣尚未脱尽，胀开的花苞却已莹黄地咧开，露出几丝酽红花蕊'的妙处"就可以从"紫褐色""莹黄""酽红"等这些表示颜色的形容词入手赏析。

除了动词和形容词，不要忽视另外两种词性：副词，拟声词。

（3）副词。（福建省南平市2021年初中毕业班综合练习）《走进地坛》是篇散文，以史铁生和《我的地坛》为线索，写"我"的感想，有关命运，有关精神救赎，等等。第12小题"结合语境，按照要求赏析"有两小题，其中第2小题：

史铁生对于命运的感悟并不仅仅是对作者自己才有意义，否则就不会有那样广泛而强烈的反响。（赏析加点词）

（4）拟声词。福建省泉州市永春县2021年初中毕业班质量检测中，节选自抗美援朝小说《激战无名川》的《烈火红桥》，选文写的是志愿军与敌军在无名川大桥的半夜激战，讴歌志愿军战士勇敢无畏的精神。上级命令要黎明前要把被堵的重型武器、炮兵和坦克部队抢过满浦线，而满浦线上的无名川大桥困难最严重，第12题要求考生结合语境按照要求赏析，其中"表针在他眼前喀喀地响，嗖嗖地飞。（赏析加点词语）"，是透过战士郭铁的视觉与听觉来写的。

这道题目赏析也可以从叠词角度，当然，叠词不属于词性。

（5）叠词。叠词是词和词连起来用，以词的形状来判断。从修饰上归类，有摹声（喀喀、嗖嗖、咕咕噜噜）、摹色（花花绿绿、金灿灿、亮晶晶）、摹状（小心翼翼、彬彬有礼、神采奕奕）、摹时（一天天、长长久久、永生永世）、摹数（千千万万、一堆堆、比比皆是）。

运用叠词，有什么表达效果呢？可以使描绘的景色、人物或者场面更加形象，富于艺术魅力，就像"表针在他眼前喀喀地响，嗖嗖地飞"，人物的心情、现场的感觉就很浓烈，而且叠词可以使句子音律和谐，读起来朗朗上口，听起来声声悦耳。

朱自清《春》中的这段文字："小草偷偷地从土里钻出来，嫩嫩的，绿绿的。园子里，田野里，瞧去，一大片一大片满是的。坐着，躺着，打两个滚，踢几脚球，赛几趟跑，捉几回迷藏。风轻悄悄的，草软绵绵的。"其中，画线的这些词语读来是不是很有画面感，让人读着也是心情愉悦？

从参考答案中去寻找词语类赏析的解题秘籍。

（2021年福建中考第11题）"拜会"指拜访会见；用语正式、庄重，表达对老山界的敬意。

（2019年福建中考）（1）"抢"字形象地写出票源紧、下手快的特点，表达出"我"内心的急切。

（福建省泉州市安溪县2021届初中毕业班学业质量）要点与评分：能关注到表颜色的词或刻画情态的词得1分，说出其表达作用得2分，大意相近即可。

示例1：作者运用了一系列形容颜色的词语："紫褐色""莹黄""酽红"，形象地描绘了蜡梅的明丽鲜妍，表达了对蜡梅的喜爱之情。

示例2：作者笔下的蜡梅"拳拳地咕嘟""胀开""咧开""露出"，细腻生动地刻画出蜡梅柔媚的情态，表达了对蜡梅的喜爱之情。

福建省南平市2021年初中毕业班综合练习："不仅仅"是"不只是"的意思，强调史铁生对命运的感悟不只救赎了自己，也成为读者的精神力量。（意对即可）

福建省泉州市永春县2021年初中毕业班质量检测："喀喀""嗖嗖"运用拟声词，形象地写出了郭铁等待上级指示电话时焦急万分的心情，突出了抢通无名川大桥任务艰巨却又时间紧迫的特点。

由此观之，解答词语赏析类，一般步骤是：

（1）解释词语的本义（或者语体色彩变化，比如褒词贬用或贬词褒用，或者场合变化，如大词小用）。

（2）该词在句子中的含义，分析写出对象的哪些特点。

（3）由表及里，词语表现出人物什么情感或品质。

如果是叠词，①角色定位：判断是摹声、摹色、摹状还是摹时、摹数。

②定位细化：具体对＿＿＿＿进行＿＿＿＿描述，生动形象地写出描写对象（人或物）的＿＿＿＿特点。③表现出人物＿＿＿＿情感或品质。

简单说来步骤就是：解词+语境义+情感义。

答题肯定要讲究逻辑的，从词语解释，到该词在句子中表达的内容，最后分析内容折射的深沉情感或者形象品质，答题由浅入深。

（二）句子类

2021年福建中考《春走老山界》中第二题，对"遇到高崖，一蹦而下，化身壮丽的瀑布；遇到巨石，委曲求全，绕道而行"这一句子进行赏析。

示例：将溪水人格化，生动地写出了崖石间溪水的奔流之美及溪水所象征的能屈能伸、一往无前的品格之美。

2020年福建中考《拜谒李时珍》中对"李时珍的脊梁始终那么高，又那么低"进行赏析。

示例："高"突出李时珍高尚的品格；"低"写出李时珍谦卑的姿态；"高""低"看似矛盾，实则凸显李时珍心怀天下、救济苍生的"伟大医者"形象。

2019年福建中考《火车上的见闻》对"女列车员的发丝在风中飘舞"句子赏析。

示例：用细节描写写出了女列车员在寒风中工作的辛苦，暗含"我"对普通劳动者的赞美之情。（说明：赏析符合语境、言之有理即可）

句子赏析答题步骤其实和词语类的差不多。命题者往往从以下角度进行试题命制。

1. 修辞手法

2021年福建中考的相关题目就考查了拟人这一修辞手法的表达效果。像比喻、拟人这两种修辞手法出场率极高，还有排比、反复、反问、夸张等，也是命题者青睐的考查对象。

记住一些答题格式，这些格式好比数学公式。

比喻：将××比作××，生动形象地写出××，表达了××的心情（感情）。

拟人：赋予××以人的××（动作、情感等），生动形象地写出××，表达了××的心情（感情）。

排比：句式整齐，增强语言气势，强调突出了××，表达了××的心情（感情）。

对比：通过××与××对比，强调突出××，表达了××的心情。

反复：强调突出了××，表达了××的心情（感情）。

夸张：增强语言的生动性和感染力，强调突出了××，表达了××的心情（感情）。

设问：引起读者注意和阅读思考，表达了××的心情（感情）。

反问：加强语气，强调突出了××，表达了××的心情（感情）。

答题格式还是三个步骤：

① 判定修辞手法。

② 写出对象的哪些特点。

③ 表现出人物什么情感或品质。

简单说来步骤就是：修辞手法+对象特点+情感品质。

抓共同项来记住格式很简单，难的是表达对象特点的概括以及分析这样表达的目的。

2. 描写方法角度

根据描写对象不同，描写分为人物描写和环境描写，有的考题设置是从描写角度进行的，所以，如果判断是人物描写，答题格式为：

运用了（语言、动作、心理、外貌、神态、细节）描写＋形象生动地写出了什么内容＋表现出什么（情感、形象性格、品质精神、主题）。

比如2019年福建中考《火车上的见闻》对"女列车员的发丝在风中飘舞"一句的赏析，就可以这么答题：

用细节描写写出了女列车员在寒风中工作的辛苦，暗含"我"对普通劳动者的赞美之情。

环境描写分为自然环境描写和社会环境描写，一般说来，考查自然环境描写的题居多。如果判断是自然环境描写也就是景物描写，答题格式为：

通过描写××（概括描写内容），渲染了××气氛，烘托××心情，表现人物××性格，等等。

有关景物描写的作用，也应该进行专题复习。

当然，有的考题没有任何限制，直接赏析，但是如果掌握了以上考查点，顺藤摸瓜，就无所畏惧了。记住一个口诀："一赏修辞，二赏炼字，三赏描写，四赏句式。"基本上，赏析类考题都是围绕这些考点来命制的。

针对没有任何限制的赏析，先找找有没有运用哪种修辞手法，再看看有没有运用描写，一起看福建省泉州市永春县2021年初中毕业班质量检测《烈火红桥》对这一句子进行赏析"看他们多狼狈，灰溜溜的像小偷，刷青的脸儿，摇晃着身子，正在拼命地往高空钻着逃命"。

赏析时，可以从人物描写的角度，参考答案为：

通过神态、动作的描写，写出了敌人突遭受我军高射炮火打击狼狈逃窜的情景，表现了战士们迎战敌机轰炸时的机智灵活。

从描写方法角度赏析，答题步骤简单说来就是：

描写方法+对象特点+情感义。

3. 句式角度

一篇文章句式上如果都是长句，都是陈述句，等等，一成不变，读起来波澜不惊，文章的效果就会大打折扣。刘成章的《安塞腰鼓》歌颂激荡的生命，具有磅礴的力量，就像这段文字：

一捶起来就发狠了，忘情了，没命了！百十个斜背响鼓的后生，如百十块被强震不断击起的石头，狂舞在你的面前。骤雨一样，是急促的鼓点；旋风一样，是飞扬的流苏；乱蛙一样，是蹦跳的脚步；火花一样，是闪射的瞳仁；斗虎一样，是强健的风姿。黄土高原上，爆出一场多么壮阔、多么豪放、多么火烈的舞蹈哇——安塞腰鼓！

这段文字，长句与短句相交错，使得文章充满着极强的节奏感和音韵美，极好地传达出语言的声响效果。一般说来，短句表达的情感比较激动、紧张，长句比较舒缓。

像"烈火红桥"这道题，也可以从长短句结合角度赏析。

示例：采用短句的形式，生动写出了敌人突遭受我军高射炮火打击狼狈逃窜的情景，表现了战士们痛打敌人的坚决果断，解气解恨。

我们遇上长短句时，如果是单单短句，可以在"对象特点+情感义"之前，加上一句"运用短句，增强语句气势，读来节奏鲜明，铿锵有力"；如果是长短句交错，可以在"对象特点+情感义"之前，加上一句"运用长短句交错句式，句子错落有致，富有变化，读来朗朗上口"。

三、常见答题失分原因分析

语言赏析类题目有哪些常见失分原因呢？

（一）生搬硬套，一招统领

《没有来不了的春天》，这篇文章写的是"我"的心情因疫情因父亲的病情而起伏变化，写暮春一天野外考察被一只落在手背上的银线灰蝶感动，命题者设置了对"它就是一个天使，短短的几分钟里，仿佛唤醒了我身体中沉睡已久的事物"进行赏析，没有括号提示与限制，很明显可以选择赏析比喻的修辞手法来答题。

解答阅读题秉承"词不离句，句不离文"原则，我们摘录部分原文：

"这次是一只羽化不久的灰蝶，翅膀上的银线非常耀眼。我没法拍摄它，因为它落脚的正是我举着相机的手，而倒腾相机的动作，会把它惊飞。我全身一动不动，享受着可以这么近距离观察一只高颜值蝴蝶的时光。它就是一个小天使，短短的几分钟里，仿佛唤醒了我身体中沉睡已久的事物。我终于登上山巅，在山顶上停留了很久。我回忆起整个春天，回忆起在野外碰到的每一个精彩的生命——它们都在帮助我，唤醒我……"

多数学生这样答"作者运用比喻手法，将高颜值蝴蝶比作小天使，生动形象地展现了蝴蝶美丽的特点，表达'我'对蝴蝶的喜爱、赞美之情"。这就是典型的生搬硬套。

解答时可以写一个句子来替换掉"短短的几分钟，仿佛唤醒了我身体中沉睡已久的事物"来表现蝴蝶的美丽。比如，它身上五彩的颜色和美丽的色块，在它起飞的瞬间，"我"被震撼到了。

也就是说如果作者要表现蝴蝶的美丽，大可以展开来写，句子中的"唤醒""沉睡"是关键词，后面的句子"它们都在帮助我，唤醒我……"再次提到，所以联系之前心情的低落，这个句子的赏析应该这样来写——这一句运用比喻的修辞手法，把蝴蝶比作天使，生动形象地表现出蝴蝶的到来使"我"摆脱了低落的情绪，重新焕发了对生活、工作的热情。

比如，2021年福建中考《春走老山界》中第二题对这一句子"遇到高崖，一蹦而下，化身壮丽的瀑布；遇到巨石，委曲求全，绕道而行"进行赏析。有些学生这样答题：

作者运用拟人，将小溪拟人化，生动形象地写出春雨过后小溪的模样，表达了对小溪的喜爱，对大自然的热爱。

这样答题可以不可以呢？句不离段，段不离篇，我们还原题目所在段落位置：

我们一路奔山而上，去追寻老山界。汽车在一块平地上停下了。这里是紫花坪，一丛丛、一树树紫色的杜鹃花，正热烈地绽放着，璀璨一片。紫花坪，真是名副其实！沿着山谷，一条小溪一路叮咚而下。几场春雨过后，窜动在小溪里的溪水更充沛了，溪水蹦跳着勇猛向前。遇到高崖，一蹦而下，化身壮丽的瀑布；遇到巨石，委曲求全，绕道而行。它总是千方百计向前奔去，去探寻更广阔的世界……山东的溪，出山后注入湘江，而山西的溪，下山后就汇入资江。最后，都走进洞庭、长江、大海，到达它们终极的目标。

画线句子前后的句子都在强调两个字"向前"，也就是强调溪水一直向前奔去，而画线的句子是写小溪在奔流过程中展现出来的情态，展现出来的风貌。

示例：将溪水人格化，生动地写出了崖石间溪水的奔流之美及溪水所象征的能屈能伸、一往无前的品格之美。

难道作者只是为了赞美小溪的美吗？小溪是去拜访老山界路上所遇的，作者写老山界就是为了歌颂自然美吗？显然不是，联系全文，联系学过的课文《老山界》，小溪的"一蹦而下"，小溪的"委曲求全"都成了一种象征，而绝非喜爱这么简单。退一步说，如果是表达喜欢，我们是不是可以把划线句子后面的文字替换为这样的表达：

它亲吻两岸的花草树木，与飞过的鸟儿一一打招呼，哗啦哗啦；它带着飘落的叶、凋零的花一起流浪，缠缠绵绵走天涯。

（二）特点概括，模糊不准

句子要表达的重点肯定是要通过事物或者人物的特点来传情达意的，所以，无论是句子赏析还是字词赏析，对于特点概括精准与否，都是至关重要的。换句话说，特点好比是心脏，心脏不协调了，肯定与健康无缘。但是，很多考生在概括上存在很大的问题，归根结底是平时没有养成圈画关键词的好习惯。通过圈画关键词，思考作者通过关键词要传递哪些信息。

比如，在《南极的初见》中，对"成片的红色是附着在岩石上的苔藓，它们紧紧拥抱在一起，给岛屿泼洒出亮色"这一句子进行赏析。这篇散文写的是初见南极看见的景以及遇见的人，让"我"体验到的不可名状的美。句不离段，我们还原文字：

"与想象中极地的万物肃杀相去甚远。那绿草、黄花簇拥成团，草看不到茎，花看不见叶，近前，才看清楚那大团的颜色都由细小组成，花瓣极小、草叶细长；成片的红色是附着在岩石上的苔藓，它们紧紧拥抱在一起，给岛屿泼洒出亮色。岛上树木种类非常单一，没有一棵枝干笔挺，都是朝一个方向倾斜，许多被吹倒在地，依然顺势生长，与草地相连，在极地顽强地绽放着美丽。"

有考生这样答题：运用拟人手法，赋予岩石上的苔藓以人的动作，生动形象地写出苔藓颜色鲜艳的特点，表达"我"对南极岛的喜爱和赞美之情。

思考一下这个句子的关键词，圈画一下，是不是"成片""紧紧拥抱"？思考这两个词语意味着什么？"成片"是多的意思，"拥抱"是密，也是多。这样的多与密，是不是要表现南极春天的生机盎然呢？

所以这个同学这样答题是明显的事物特点没有抓准，想当然的。

示例：运用拟人的手法，生动写出了红色苔藓的浓密以及给南极带来的亮色，突出了南极春天的勃勃生机。（意对即可）

福建省厦门市翔安区2021年九年级适应性考试语文试题：要求考生对

《蔷薇四月天》这篇写景散文画线语句"羽状的复叶间开满了硬币大小的单瓣花朵，有白色的，也有淡红色的，香气深稳清洁，行于繁华而不失开天辟地的简约清扬"从修辞的角度赏析。有考生这么回答：运用比喻的修辞手法，将单瓣花朵比作硬币，生动形象地写出了蔷薇花繁华、简约、清扬的特点。

乍一看好像没错，参考答案的评分标准为点明修辞1分；说清作用2分。

示例：运用比喻的修辞手法，将"蔷薇的复叶"比作"羽状"或单瓣花朵比作硬币，生动形象地写出了蔷薇花简约清扬的特点。

这个句子确实有两处是比喻，将"蔷薇的复叶"比作"羽状"，但不影响后面句子的答题。注意"繁华"二字，写的是蔷薇花"行于繁华"，是开在繁华的世间，繁华的不是蔷薇花。所以，这类考生往往看见形容词就逮住，不管人家愿不愿意。

（三）偷换主语

很多考生欠缺一定的语法知识，一个句子连起码的主语，也就是被陈述的对象都分辨不清。比如2020年福建中考《拜谒李时珍》"在沉重的呼吸里，枯瘦的村庄摇摇晃晃"，对加点词语"枯瘦"的赏析。出现这样答题的情况：

"枯瘦"是瘦弱之意，生动形象地写出了那时日子的艰难。

"枯瘦"指瘦弱，文中指人们对李时珍回归的渴望，从侧面赞美了李时珍的高尚品德。

在第一步骤解释词语上，都很不错，但是词语形容修饰的对象也就是主语出现了张冠李戴。在这个句子中，主语是由一个短语充当的，"枯瘦的村庄"是个偏正短语，中心词是"村庄"，"枯瘦"形容的是"村庄"，而不是其他。

（四）无中生有，脱离文本

2020年福建中考《拜谒李时珍》中对"李时珍的脊梁始终那么高，又那么低"一句进行赏析。通过圈画关键词"脊梁""高""低"，思考"脊梁"指什么？肯定不是身体结构名词，联系鲁迅《中国人失掉自信力了吗》

一文，有句"我们自古以来，就有埋头苦干的人，有拼命硬干的人，有为民请命的人，有舍身求法的人，……虽是等于为帝王将相作家谱的所谓'正史'，也往往掩不住他们的光耀，这就是中国的脊梁"，"脊梁"是风骨，是品格，品质。这样一来，"高"就是问品德高体现在哪里，也就是体现在李时珍怀抱仁心，"为百姓守候一生"的美德，那么矛盾词"低"指什么？联系上文，"低"是为民治病时那谦卑的姿态。

示例："高"突出李时珍高尚的品格；"低"写出李时珍谦卑的姿态；"高""低"看似矛盾，实则凸显李时珍心怀天下、救济苍生的"伟大医者"形象。（意对即可）

但是，一些考生脱离文本，目光只是锁定句子里，譬如这些答题：

李时珍的脊梁在人民面前是高大的，在权势面前又是低的。

李时珍的"低"是指身材不高。

"低"是李时珍已经老了，脊梁不可能高。

诸如此类，在文中是根本找不到证据的，都是答题者无中生有的。任何脱离文章的解读都是缘木求鱼。

失分大致是以上这四种原因。希望听完这节微课，大家的文学类作品语言赏析能力能得到提升。一起回顾这节微课内容。

四、知识回顾

词语类，不管考查动词、形容词，还是拟声词、叠词，①解释词语的本义（或者语体色彩变化，比如褒词贬用/贬词褒用，或者场合变化，如大词小用）；②该词在句子中的含义，分析写出对象的哪些特点；③由表及里，词语表现出人物什么情感或品质。

如果是叠词，①角色定位：判断是摹声、摹色、摹状还是摹时、摹数。②定位细化：具体对_____进行_____描述，生动形象地写出描写对象（人或物）的特点。③表现出人物情感或品质。

简单说来步骤就是：解词+语境义+情感义。

句子类赏析，一赏修辞，二赏炼字，三赏描写，四赏句式。从修辞角度，答题模式：修辞手法+对象特点+情感品质。描写方法角度：若是人物描写，答题模式为描写方法+对象特点+情感义；若是景物描写，答题模式为通过描写××（概括描写内容），渲染了××气氛，烘托××，表现人物××性格等等。

遇上长短句时，如果是单单短句，可以在"对象特点+情感义"之前，加上一句"运用短句，增强语句气势，读来节奏鲜明，铿锵有力"；如果是长短句交错，可以在"对象特点+情感义"之前，加上一句"运用长短句交错句式，句子错落有致，富有变化，读来朗朗上口"。

答题时，避免犯以下错误：①生搬硬套，一招统领；②特点概括，模糊不准；③偷换主语；④无中生有，脱离文本。

常见应用文写作复习

无论旧版课标还是2022年版新课标，都有"能根据生活需要，写常见应用文"这一要求，本节微课从常见应用文分类入手，重点讲解书信类应用文的写作，结合中考试题，教会学生审题以及答题技巧，为学生中考一轮复习增添迎考信心。

微课学习内容

一、常见应用文分类

一是书信应用类：倡议书、启事、请假条、留言条、感谢信、慰问信、介绍信、邀请函等。

二是场景描述类：新闻稿、推荐词（名著或景点、故居等）、观点评价类、改写续写类。本次微课重点讲书信应用类。

从2022年有出现应用文写作的省市看，应用文考查内容，一般是围绕格式和内容；考查形式包括选择题、填空题、改写题等，形式不拘。但是，自2022年4月新课标颁布后，2023年中考在题型上就很难保证沿袭过去了。阅读新课标在"学业水平考试"中的内容。

命题规划：倡导设计基于情境的探究性、开放性、综合性试题。

命题要求：考试命题应以情境为载体，依据学生在真实情境下解决问题的过程和结果评定其素养水平……日常生活情境指向真实具体的社会生活，关注学生在生活场景中的语言实践，凸显语言交际活动的对象、目的和表述方式……

从以上这几句话中，不难发现高频词——情境。也就是说新课标特别强调真实情境下的写作。

二、两种题型

一起比较两种风格的题型。

题型一：（2020年安徽中考）九年级（1）班开展"走进博物馆"综合实践活动，请你参与。

请按提示修改"实践活动注意事项"。

实践活动注意事项

敬爱的同学们：

为保证本次活动顺利开展，请注意以下事项。

1. 严格尊重活动安全的各项规定，确保人身、财物安全。

2. 按照规定时间，准时到达指定地点。

3. 举止文明，保持安静，听从指挥，有序参观。

4. 仔细观察，认真听讲，请有记录，积极参与互动。

2019年10月15日

九年级一班班委

① 注意事项中用语不得体的一处是"＿＿＿＿＿＿"应改为"＿＿＿＿＿＿"。

② 画线的句子有语病，请你修改。

答：＿＿＿＿＿＿＿＿＿＿＿＿＿＿＿＿＿＿＿＿＿＿＿＿＿＿

③ 注意事项的格式有一处不规范，请提出修改意见。

答：＿＿＿＿＿＿＿＿＿＿＿＿＿＿＿＿＿＿＿＿＿＿＿＿＿＿

答案：①敬爱的同学们；亲爱的同学们。②将"尊重"改为"遵守"。③将日期和署名调换位置。

解析：①注意事项中，"敬爱"一般是对长辈或者上级的敬语。注意事项是班委会发出的，对象是学生，用"敬爱"不够得体，用"亲爱"比较合适，或直接称呼"同学们"。②搭配不当，尊重规定不搭配，应将"尊重"改为"遵守"。③应用文一定要注意日期和署名的格式问题，署名在上，日期在下，这一点一定要牢记。

题型二：根据下面对话，请你帮小王写一份请假条，只写正文，不超过60字。

教师：小王，萧山区的中小学合唱比赛时间已经下来了。

小王：老师，是什么时间？

教师：明天上午九点到十一点，这场比赛很关键，你是合唱队领唱，必须全力以赴。

小王：地点在哪里？

教师：萧山体育馆。

小王：可是明天我还要上课，那我得马上向班主任请假，

教师：好。

示例：

请假条

班主任：

您好！因为我是校合唱队领唱，明天上午要参加萧山区中小学生合唱比赛，不能到校上课，需请假半天，恳请老师批准。

请假人：小王

×年×月×日

由此观之，不管考试题型如何变化，新课标如何强调真实情境，首先要保证格式规范，要掌握常见的应用文写作格式，其次是注意措辞用语，毕竟，语言应用是日常交往中必不可少的一环，能够简明、连贯、得体地表达我们的见解，不仅是考试的要求，更是交往能力的一种体现，所以应该认真对待这方面训练。

三、书信应用类

一般书信应用类的应用文的格式包括五个部分：

（1）称呼。信纸第一行写，后面加冒号。

（2）正文。第二行空两格写，转行顶格。

（3）结尾。正文写完，另起一行空两格写"此致"，"祝"等词语。然后另起一行顶格写"敬礼""进步"等敬祝语。

（4）署名。一般写在敬祝语下一行的后半行。

（5）日期。写在署名下一行，靠右边写上写作的年月日。

×××× （称呼得体，顶格写）：

　　（正文内容，空两格）×××××××××××××××××××

×××××××××××××××××××××××××××××××

××××××××××。

　　此致（或祝）（空两格）

敬礼！（身体健康）（另起一行，顶格写）

　　　　　　　　　　　　　　　　　　　　　　×××（署名）

　　　　　　　　　　　　　　　　　　　　×年×月×日（日期）

在掌握基本格式的基础上，我们来看看各类常见的书信体。

（一）通知启事类

1.通知

通知是向特定受文对象告知或转达有关事项或文件，让受文对象知道或者执行的公文。

通知	←标题（居中）
各支部：	←称呼（另起一行顶格写）
兹定于6月3日（星期五）下午3时，在本校大礼堂举行学习雷锋诗歌朗诵会。请全体共青团员准时参加。	←正文（另起一行空两格开始写，写清楚时间、地点、内容、参加人，有时还要写上注意事项）
校团委 　　　　　　2022年6月1日	←落款（右下方写分两行写上发出通知的单位名称和日期）

情境演练：

一起来看这道习题。

请根据提示，提前两天替九年（1）班班委会拟一则关于组织课外活动的通知。

活动主题：观看影片《满江红》。

出发时间：3月18日星期六上午八点。

活动地点：新光电影院。

活动方式：步行。

其他要求：注意安全，顾全大局。

分析：应用文写作就是灵活地联系生活，联系社会实际，考查学生在一个具体情境中综合运用语文的能力，看学生是否可以发现问题，以及是否可以简洁流畅地表达自己的见解。

示例：

通知

　　九年（1）班全体同学，经班委会讨论决定，定于3月18日星期六上午八点，全体同学到校集合，集体步行到星光电影院观看电影。请大家按时到校，注意安全，顾全大局。

九年（1）班班委会

3月16日

　　除了格式要正确，还要注意正文：要写清楚通知事项的时间、地点、内容即通知事项，若有注意事项，也需要交代清楚。

2. 启事

　　启事是组织或个人公开向大家说明，让更多人知晓的公告性文体。如寻物启事，招领启事，招聘启事、寻人启事、征文启事等。格式上，称呼语和结尾不写。

　　按照内容来分，启事包括以下几种形式：

　　寻物寻人启事：要将物品的特征、数量、种类或人的特征，丢失的时间，具体的地点和联系方式写清楚，用语要礼貌。

　　招领启事：只写捡到的物品名称，不要涉及具体样式和数量，以防冒领，捡到物品的时间和地点要写清楚。

　　招聘启事：写清招聘目的、对象、条件、待遇和联系方式等内容，用语要诚恳。

　　征文启事：要写明征文的目的和意义，征文的体裁和内容，评选办法，以及截止日期、注意事项等。

寻物启事（莫写成"启示"）	←标题（居中）
本人于6月4日下午6时左右在校园散步时，不慎将一黑色双肩背包遗失在校园内，内有学生证、校园卡、课本、笔记本等，有捡到者请与×××联系，不胜感激。有酬谢。联系电话：×××××××。 　　　　　　　　　　　××× 　　　　　　　　2021年6月5日	←正文（另起一行空两格开始写启事内容。要简明、准确地介绍丢失物品的时间、地点、名称、数量、特征等内容，交代清楚联系人的地址、联系方式，等等） ←落款（右下方写发启事者的姓名和时间）

情境演练：

（1）请根据下面的对话，拟写一则征稿启事，以文学社的名义去校广播室播报。

团委赵老师：2016年9月初，二十国集团峰会将在杭州举行，我校"812芽儿"文学社是否开展一次主题活动？

社长王慧：嗯嗯，我们正打算组织一次"G20，我们在行动"的征文比赛活动呢。

团委赵老师：那好啊。中午就到广播室把这个启事播报一下吧。你来拟写广播稿的正文吧。

社长王慧：嗯……截稿时间到6月30日吧？

团委赵老师：行。用格子稿手写吧？其他字数、文体的要求也要规定一下，稿件交到一楼文学社办公室。评选出一、二、三等奖若干，到时候在展厅里展览一下。

分析：此题的特别之处在于所有的内容是以对话的形式呈现的，需要我们首先从中摘选出关键词语句，组织语言才能整理。本题考查的是对对话中关键信息的提取，并且要符合征稿提示的内容特点，还需要符合播报的语言的特点要求。广播稿里面要有目的、意义、主题、文体、自述要求、截稿日期、交稿地址等信息，需要使用惯用语，不能使听众不知所云。

示例：为迎接G20峰会的到来，我校"812"文学社将举行"G20，我们在行动"的征文比赛，文体不限，字数600～800字，用格子稿工整书写，截止日期为6月30日。稿件请交到一楼文学社办公室，届时将评出一、二、三等奖若干，在展厅展览，欢迎同学们踊跃投稿。

（2）以西游记中的人物和一个故事背景为例，假设一个情景：

唐僧师徒四人前往西天取经，行至比丘国，有妖怪欲拿1111个小儿的心肝做药引，为国主治病。悟空设法藏起了众儿便携八戒去捉妖怪。假设取经团队现急需招聘一个西行路上曾经被收服且已改邪归正的妖怪做临时队员，协助沙僧来保护照顾唐僧及众小儿。请你以"西天取经工作组"的口吻写一则招聘启事。

阅读以下两则习作，看看哪一则写得更好？

习作1

招聘启事

我们是西天取经办公室，现有师徒四人，至比丘国欲救千余小儿，急需一名新徒弟。现在面向取经途中收服的妖怪招聘。这个职位需要你吃苦耐劳，一心向佛，有自卫、保护师父及众小儿的能力，武艺高强。你如果愿意洗心革面，重新做人，可以来应聘。

待遇：包吃包住，给你改过自新的机会。

职位：挑担、牵马、化斋（只招一人）。

回报：让你改过自新，有机会成佛。

西天取经办公室
2023年3月12日

习作2

西天取经团队招聘启事

我们是西天取经团队，秉承向善理念，要去西天取得真经，至比丘国欲除妖，并救千余小儿，急缺人手。现面向西行路上已被收服的妖怪招聘临时队员，欢迎你的加入。

一、招聘岗位　唐僧徒弟一妖

二、职责描述　协助沙僧保护唐僧及众小儿，喂马挑担，斩妖除魔。

三、应聘条件　应心怀善意，不滥杀无辜，一心向佛，任劳任怨，有团队意识；具备良好的心理素质，服从安排；有极强的防御攻击能力，保护唐僧及众小儿的能力。

四、相关待遇　接受佛教洗礼，净化心灵。

联系人：唐僧　邮箱：xitianqujing@163.com

西天取经团队

唐贞观××年

很明显第一则问题很多。题目招聘启事放在首行中间的位置，这是对的。接下来的正文一般首段要写概要，包含团队简介、招聘对象以及欢迎期待等，本启事的首段，前半段的确写了对团队的简介，但是这个简介只有团队的名称和人数，简介太不清楚了，太笼统了，使应聘者不能明确地知道这个团队到底要做什么，有什么理念，有什么目标。后半段其实是应聘的条件，而本启事的写法是把应聘的条件和团队的简介混在了一段，这样使顺序混乱，层次不清。关于职位的介绍，挑担、牵马、化斋，这其实不是职位，而是具体的职责，本文把职位与职责混淆，并且我们前面的题干上写的是招聘临时队员，这是职位，协助沙僧保护照顾唐僧及重小儿。这是职责，也就是本启事所写的职位职责，与题干的要求并不符合。再看待遇和回报，这两个词的意思其实是重复的，是一样的，后边没有联系方式，右下角的落款西

天取经办公室是对的，但是这个时间是不对的，想一想，西游记中西天取经的故事是发生在什么年代？是唐朝贞观年间，所以这个时间是需要修改的。

（二）便条契据类

1.借条、欠条、收条

日常生活中，我们免不了借或被借东西或者钱款。

借条：表明债权债务关系的书面凭证。

欠条：欠别人财物所立的字据。

收条：收到别人或单位送到的钱物时写给对方的一种凭据性的应用文书。

以借条格式为例：

借条	←标题（居中）
今从 ＿＿＿＿＿处借到人民币 ＿＿＿＿＿元（大写＿＿＿＿＿圆），于＿＿年＿＿月＿＿日还清。 特立此据为凭。	←正文［另起一行空两格开始写，第1空缺处填写被借款人的姓名；第2、3空缺处填写钱数，分别用阿拉伯数字和汉字（涉及金额必须大写）填写；最后几空写清归还日期］
借款人：＿＿＿（签名） 借款日期：＿＿年＿＿月＿＿日	←落款（右下方写借款人姓名并写上借款日期）

欠条与收条格式一样。总之，借条、欠条、收条有如下特点：

（1）一般较为短小精悍，语言简洁明了（正文内容，要把从哪里借的，借的什么，数量多少，规格怎样，新旧程度，归还时间和附加条件时间一一写清楚）。

（2）字据文面要干净，不许涂改，需要具方在改动处加盖公章或私章或签名。

（3）钱数、物品数量须大写（壹贰叁肆伍陆柒捌玖拾佰仟万亿）。

情境演练：

为了营造卫生舒适的学习环境，如果你是七年（1）班劳动委员小强，决定向校总务处借一些工具，进行教学楼周边环境的整治，以下是你写的一张借条，仔细想想它在内容和格式方面存在的不规范处。

借条

我班决定于今日下午第三节下课后进行教学楼周边环境整治，现借到校总务处铁锹36把，水桶8个。此据。

×年×月×日

七年（1）班劳动委员小强

（1）内容上：＿＿＿＿＿＿＿＿＿＿＿＿＿＿＿＿＿＿＿＿＿＿＿

（2）格式上：＿＿＿＿＿＿＿＿＿＿＿＿＿＿＿＿＿＿＿＿＿＿＿

答案：（1）把"36"改成"叁拾陆"，"8"改成"捌"。

（2）把"七（1）班班委会小强"和"×年×月×日"调换位置。

2. 请假条、留言条

请假条、留言条格式基本一样。

<center>**请假条**</center> 班主任： 　　您好！因为我是校合唱队领唱，明天上午要参加萧山区中小学生合唱比赛，不能到校上课，需请假半天，恳请老师批准。 　　此致 敬礼！ <div align="right">请假人：小王 ×年×月×日</div>	←标题（居中） ←顶格（写称呼语，单位或领导） ←正文（另起一行空两格开始写，写请假原因和起止时间） ←落款（右下方写请假人姓名并写上请假具体日期）

3. 证明

证明是我国公民在日常生产生活经营活动中，因需要对经济收入、工作情况、生活状况等事项作出的一种判定，它分为收入证明、工作证明、出生证明、婚姻证明、户籍证明等。

××证明 　××××，身份证号××××××× ××××××××××，为我单位某部门员工，自×年×月至×年×月从事××岗位的工作，专业工作年限满××年。 　特此证明。 　　　　　　××（单位名称盖章） 　　　　　　　×年×月×日	←标题（在页面的正中间写上证明类型） 　←正文（另起一行空两格开始写，写清需要证明的具体事项等；叙述简洁明了，不能出现语病和歧义） 　←落款（右下方写证明单位以及证明时间，并盖章）

（三）倡议申请类

1. 倡议书

倡议书是为倡议、发起某项活动而写的有号召性和公开提议性的专用文书。

倡议书	←标题（居中）
亲爱的同学们：	←称呼（另起一行顶格写倡议对象的名称）
一年一度的环境保护日即将来临，为了保护我们赖以生存的地球，我们在此向大家提出如下倡议：	←正文（另起一行空两格开始写，正文内容包括：①倡议缘由；②如此倡议的作用和意义；③倡议实行的具体措施）
1. 节约每一滴水，每一度电，每一张纸。	
2. 为减少空气污染、节约能源，尽量使用公共交通工具、自行车或步行。	
……	
希望大家积极参与，共建我们美丽和谐的家园。	←结尾（表明倡议者或团体的决心和期望）
倡议人：校团委 　　　　　　2022年6月3日	←落款［右下方写上倡议者（单位或个人）的名称和发倡议的日期］

情境演练1：

　　植物是生物多样性和生态系统的核心组成部分。我国拥有丰富的野生植物资源，是世界上植物多样性较为丰富的国家之一。为了让更多人参与到保护植物多样性的行动中来，你决定向同学们写一份倡议书，呼吁大家从自身做起，保护身边的植物。

要求：①倡议书内容要围绕活动主题；②语言简洁明了。

倡议书

亲爱的各位同学：

_____

_____

_____

_____

倡议人：×××

×年×月×日

示例：

倡议书

亲爱的各位同学：

　　绿色是大自然的颜色，孕育着生命和希望，是大自然赠予我们的宝贵财富。保护植物，人人有责。在此向大家提出如下倡议：

　　1. 不采摘花朵、树叶，不踩踏草地。

　　2. 积极开展植树、养花活动，主动宣传植树护绿的相关知识。

　　希望大家从现在做起，从自身做起，共同维护我们美丽的家园。

倡议人：×××

×年×月×日

分析：倡议书的内容首先要交代清楚倡议缘由，如绿色是大自然的颜色，孕育着生命和希望，是大自然赠予我们的宝贵财富。保护植物，人人有责。倡议的具体措施是什么，如不采摘花朵、树叶，不踩踏草地；积极开展植树、养花活动，主动宣传植树护绿的相关知识。另外，在结尾还需要表明倡议者的决心与期望，如希望大家从现在做起，从自身做起，共同维护我们美丽的家园。

情境演练2：

下面是某中学学生会微博发出的倡议，请根据其内容，以学校办公室的名义拟写一份告示，张贴在收发室的门口，以便收发室正常运用。

亲，你的快递又寄到学校来了，君不见学校收发室现在成了仓库，大包小包堆如山，"阿sir"，"Miss"的信件文件通通被"埋"没了。听说校长发脾气了——晕。收发室的陈叔怒发冲冠！亲，这样是不是很过分！从明年一月份开始，把网购的私货寄回家吧，学校是学习的地方，不是免费中转站。

分析：本题考查拟写告示。

解答：告示是一种常用文体，起广而告之的作用。由题可知，本题要求从倡议书中提取出告示的正文，此正文应与倡议书的内容一致，但用语不能如倡议书一般活泼，要规范得体，用语端正，表意要清晰明了，不能有语病。

示例：

告示

各位同学：

　　学校收发室主要负责学校文件、师生信件的收发，同学们网购物品邮寄到校已严重影响了收发室的正常运转。从明年一月份起，收发室不再负责接受和保管学生网购邮寄的物品，请同学们自行妥善处理，谢谢配合。

学校办公室

2023年2月20日

---

2. 申请书

申请书是单位或个人因某种愿望或需要，向上级机关、组织或社会团体提出请求时使用的一种专用文书。

<table>
<tr><td>

申请书

敬爱的团支部：

　　中国共产主义青年团，……我作为一名满十四周岁，生在新社会、长在红旗下的有志热血青年，申请早日加入自己的组织。

　　……

　　现在，我正式向组织提出申请，希望团组织能够早日吸收我，以实现一个志在报国少年的心愿。入团后，我一定更加积极地工作，……如果团组织不能批准我入团，说明我离团的要求还有一定差距。我将继续加倍努力，创造条件，争取早日入团，请团组织看我的实际行动吧！

　　此致

敬礼！

申请人：×××
×年×月×日

</td><td>

←标题（居中）

←称呼（另起一行顶格写明接收申请书的单位、组织或有关领导）

←正文（另起一行空两格开始写，首先提出要求，其次说明理由。理由要写得客观、充分，事项要写得清楚、简洁）

←结尾（写明惯用语"特此申请""希望有关领导研究批准""请组织考验""请审查"等，也可用"此致""敬礼"等礼貌用语）

←落款（右下方写清申请者的姓名和申请日期）

</td></tr>
</table>

（四）社交类

1. 请柬（邀请函）

请柬是单位、团体或个人邀请有关单位或人员出席重要会议、典礼或重要活动所用的礼仪性信柬。

请柬（邀请函） 尊敬的××老师： 　　我班拟定于2023年3月18日18：00-21：00在学校三号楼展览大厅举办"迎新年·贺新春"文艺晚会。请您届时莅临。 　　　　　　九年级（2）班 　　　　　　2023年3月12日	←标题（居中） ←称呼［另起一行顶格写被邀请者（单位或个人）的姓名］ ←正文（另起一行空两格开始写，写清内容；写明时间、地点、方式。如果是请人看表演，还应将入场券附上。若有其他要求也需注明） ←落款［右下方写上邀请者（单位或个人）的名称和发请柬日期］

情境演练：

按要求修改下面的邀请函。

邀请函

尊敬的马老师：

　　为繁荣校园文化，提高我们的传统文化知识，校学生会邀请您于9月6日下午4点，在报告厅为八年级同学开展《走进传统节日》知识讲座。恭请您届时光临。

　　此致

敬礼！

　　　　　　　　　　　　校学生会

　　　　　　　　　　　　2023年2月12日

① 画横线的句子有语病，请提出修改意见。

② 画波浪线的句子有一处标点符号使用错误，请提出修改意见。

③ 邀请函格式有一处不规范，请提出修改意见。

参考答案：①"提高"应改为"丰富"。②将书名号改为双引号。③"敬礼"要顶格。

2. 活动注意事项

活动注意事项是参与活动的过程中，需要提醒或特别强调的事情的项目，一般都是分条目表述。

情境演练：

校学生活动中心专门设立"温英雄事迹，传英雄精神"特别展览馆，以方便师生进行英雄教育。为更好地服务师生，展览馆制定了"参观注意事项"，请您补充完整。

示例：

展览馆参观注意事项	←标题（居中，写清"××活动注意事项"）
学校学生活动中心展览馆将于4月20日起面向全校师生开放。为保证参观活动顺利有序，请注意以下事项：	←称呼（可以顶格写，后加冒号，也可以含在正文内容中）
①实行预约参观制度。	←正文（另起一行空两格开始写。一般先写发布此次活动注意事项的目的，然后写"请注意以下事项"，接着再另起一行空两格分条写清楚需要注意的具体项目）
②开放时间：	
周一到周五9：00—17：00。	
③参观时请保持安静，如携带手机等电子设备请调至静音状态。	
④参观时请全程佩戴口罩，在活动中心入口处进行体温检测。	
学校学生活动中心展览馆	←落款（右下角落款署名，写清发文机关、单位，另起一行居右写上完整的日期）
2023年3月7日	

3. 表扬信

表扬信是用来表彰赞扬单位、集体或个人先进事迹、先进思想等的专用书信。

表扬信	←标题（居中）
实验中学领导：	←称呼（另起一行顶格写，一般写给被表扬人的上级领导单位）
5月4日晚，贵校九年级（7）班赵××、田××、孙××同学在路过市体育运动中心时，发现一窃贼正在行窃，他们立即打电话报警并出面制止。他们临危不惧、挺身而出的行为，为我们树立了良好的榜样，故特写此信予以表扬。	←正文（另起一行空两格开始写。主要包括以下内容：事情经过，表示表扬、学习的语句）
××派出所 　　　　　　　　×年×月×日	←落款（右下方写上单位名称或个人姓名，并注明成文日期）

4. 书信

书信是一种向特定对象传递信息、交流思想感情的应用文书。

在通讯不发达的年代里，起过至关重要的作用。但是考生平时若能如下面这封写给老师的信一样，写给师长、朋友等，定是十分美好。

<table>
<tr><td>

给老师的一封信

敬爱的彭老师：

　　您好！

　　时光匆匆，转眼间我就要毕业了，这两年来，您对我的教诲和爱护仿佛历历在目。

　　……

　　老师，您就像园丁，我就像花朵，这两年里，我在您的精心呵护下茁壮成长，在接下来的学习和生活中，我将会努力学习，用更优异的成绩来报答您。

　　祝您工作顺利，天天开心！

　　　　　　您的学生：悦悦

　　　　　　2022年5月28日

</td><td>

←标题（居中，可有可无）

←称呼（顶格写，有的称呼还要加上一定的限定、修饰语，如"尊敬的""敬爱的"等）

←正文（另起一行空两格开始写。正文是信的主体，写信人要说的话都写在这里。若是回信，要先写明来信已收到，并对来信中提及的问题或要求办理的事情做出回答。如果写的事情较多，可以分段写，一件事情写一段）

←结尾（另起一行，需要空两格，写"此致""敬礼"的礼貌用语）

←落款（分上下两行写，右下方署名，写日期）

</td></tr>
</table>

5. 建议

　　请你根据下面谈话内容，给市盐务管理局写一封为食盐配上健康说明的建议书。要求：内容简明，语言得体，150字左右。

　　胡爷爷：唉！现在超市里盐的品种真多，都搞不清楚买哪种盐好了。

　　关奶奶：是呀。我家老头子甲状腺不太好，也不晓得该吃哪一种，就怕吃错了对健康不利。

　　董爷爷：要是盐也能够像药品一样，在包装上有一些健康方面的说明内容就好喽。

建议类应用性写作是近年中考试题中出现较多的题型之一。这道题的任务是要求写一份关于"为食盐配健康说明书"的建议书。建议书一般包括建议的原因、建议的目的、建议的内容、建议的理由等基本要素。题目提供的是一组反映百姓民生问题的议论材料，材料虽短，却包含了多项内容，既反映了问题——老百姓搞不清楚买哪种盐好；又包含了建议的内容——包装上要有健康方面的说明；还要给出建议的理由——帮助百姓解决买盐的困惑与烦恼。要仔细阅读材料，提取要点，把这些基本要素写清楚，特别是提出的建议要切实可行，并要注意建议书的基本格式向谁发出建议，开头有称呼，文末有祝颂语，最后要有建议人姓名（考试时可用××代替）、提出建议的确切日期。格式与书信大致一样。

示例：

给食盐配上健康说明的建议

尊敬的市盐务管理局领导：

您好！最近我听到小区老人们在议论，市场上食盐品种很多，但有些食盐包装上没有健康说明，都在为不知如何选择食盐而烦恼。

因此，我建议给每袋食盐都配上健康说明，标明食盐的功能、对健康产生的影响、适宜人群、注意事项等内容，这样老百姓就能获得更多信息，根据需要，正确选择。请您在百忙之中考虑采纳我的建议。

祝您工作顺利，身体健康！

建议人：×××
×年×月×日

总之，常见应用文写作掌握了格式，注意用语，其实是很好得分的。

第五章

初中语文阅读教学讲座交流

初中古诗文阅读教学例谈

初中古诗文阅读教学是困扰一线语文教师的一大问题，和作文一样，古诗文阅读不受多数学生喜欢。古诗文教学教什么，怎么教？如何能如崔允漷教授在《有效教学》一书中指出的有效教学就是"教得有效、学得愉快、考得满意"？

一、现状与剖析

（一）课堂模式套路明显

人人皆知教育教学的主阵地是课堂，提升语文核心素养的主阵地也是课堂，但教学中存在一些教师在阅读教学中不管文本体式特征，一律进行模式化教学生产，现代文教学按"整体感知""重点段落分析""词语揣摩""主题把握"等步骤进行；古诗文教学则借助多媒体教学软件，课堂步骤基本就是先是介绍作家作品及写作背景，接着生字词出示，学生认知并齐读，接着以齐读或者个别读的方式感知课文内容，然后请几个学生逐句逐段翻译，最后围绕教师预先设计的几个问题，师生一起解答。

（二）作业单调不变

无论是课堂还是课下，古诗文作业成为理科作业式的副本，一样在教辅材料、校本材料中走过，题型固定单一，内容重复叠加，加上读背篇目有限，甚至有的一学期读背篇目就是教材中规定的那几首那几篇，三年累积下来，学生古诗文储备仓库局限于教材中规定的，甚至到九年级备考前好像就剩下必背古诗词40首和文言文21篇了。

读懂课堂，是每位教师成长的标识。对此类古诗文教学，有以下疑问一起商讨。

2011年版语文课标在"课程性质"中指出"工具性与人文性的统一，是语文课程的基本特点"。模式化教学多数强调工具性。古诗文首要的教学要求就是落实字词，无可厚非，但是忽视了课标中对学生阅读浅易文言文的要求除了"要借助注释和工具书理解基本内容"之外，还要求"注重积累、感悟和运用，提高自己的欣赏品位"。所以，教师过分强调工具性或人文性，都是理解上的偏执。

古诗文教学绝不是翻译加背诵这么简单，灵动的课堂是让孩子在课堂里接受一次次文字与人文精神的洗礼。教学名师王益民在《相遇语文好课》一书中指出"文言文的风景不仅在于翻译，更在于语言之美、内容之隽永"，而古诗词学习的意义就如北京师大教授、博士生导师于丹所说"每个中国人，都是在诗歌里不知不觉地完成了自己生命的成长"，如果模式化教学以及单一、低效、重复的作业长此以往，学生学习古诗词兴趣殆减，渐生对古诗文的厌弃之心，谈何生命的成长？

加上面临中考压力，很多教师教学古诗文的最终目的就是让学生会考试，这点无可厚非。这种模式化课堂教学的要领无非"读读、背背、练练"，不断提醒学生这题会考那题会考，重复性的劳动做多了，就有可能会打好中考一仗，但是这些学生课上习惯了听和记，得到的多是结论，缺少自我感受、自我赏析、自我揣摩的过程，一旦到高中，学生需要有较强的思辨性思维，而思维能力的培养绝不是单靠三年高中学习生涯就能提高的，这也是高中教师多埋怨初中教师没教好的一个原因。

二、策略与运用

如何处理好教什么与怎么教，真正做到"教得有效、学得愉快、考得满意"？有哪些策略方法？

（一）走进文本深处

走进文本，与文本对话，其意义大家都明白，借用于漪老师一段振聋发聩的话："不深思，你怎么知道这些文字背后的东西呢？感性的认知都是朦胧的，因此你如果要让学生能够真正理解、获得清晰的认识，就一定要从感性上升到理性，形成系统的语言，形成理性的思考。为什么我们的课不能刻骨铭心？不能震撼学生的心灵？不能更打动他们心灵的一隅？就是因为我们往往是泛阅读，是在文字的表面游移。"

教师是文本的探索者，不是文本的传声筒。教师对文本的解读引领是实现有效教学的前提和关键。教师只有沉下心来阅读，才有可能把自己理解文本的方式教给学生。比如《桃花源记》中"渔人"这一意象，为什么不是"樵夫""猎人""读书人"等？一般的解读就是渔人是一个见证人，是线索人物，而没有深入思考：都是古典文学中常出现的意象，若是"樵夫"，沿山路行走，则标记容易识别，而"渔人"行于水上，则对山上标记难免模糊；再者，若是"樵夫"发现桃花源，就缺少了渔人乘水而入沿岸观赏桃花的浪漫环境的衬托；至于"读书人"更不妥，会遵守承诺，就没有桃花源寻不得的扑朔迷离了。因此，也只有"渔人"更适合担当桃花源的发现者。

总之，备课前，先自己琢磨文本，再参考名家课例和教参等对文本的解读，找出差距，不断累积，会发现自己每天都在进步。

（二）确定合宜的教学内容

王荣生教授认为判断一堂好的语文课的标准是教学内容正确并使学生有效地获得相应的经验。陈日亮老师在《我即语文》一书中对"如何确定教学内容"有几句话特别经典，摘录如下："先问自己这一篇为什么要'学'。如果回答是精品甚至是经典，那么让学生知道'精'之所以为'精'，'典'之所以为'典'，就是这一篇的教学内容。""再问这一篇为什么需要'教'。通常一篇文章不'教'也能'学'懂，否则它先就不会有读者。那为什么还需要'教'？你应该找出需要'教'的三条五条理由，再根据'课标''学情'等筛选提炼一下，教学内容就出来了。""最后，你还先要确定'什么不教'。学生一般已经知道的'不教'，今天学生还不需要的'不教'，不是本单元教学重点的'不教'。尽可能多剔除'不需要教'的，才能把教学内容提炼得很精粹，任务规定得很集中。"

《穿井得一人》是部编语文教材七年级上册第六单元《寓言四则》之一，筛选提炼教学内容时肯定要考虑到本文兼具文言文和寓言特性。学生在预习时结合注释，可以基本了解内容。在文言层面上哪些是学生可能忽略掉甚至没掌握好的知识点呢？两个句子肯定要讲道：一是"穿井得一人"的准确翻译，二是"及其家穿井"的断句。还有三个句子中的"闻"：有闻而传之者，闻之于宋君，求闻之若此。在文章层面上一定就是多角度理解寓意了。

宋之丁氏，家无井而出溉汲，常一人居外。及其家穿井，告人曰："吾家穿井得一人。"有闻而传之者："丁氏穿井得一人。"国人道之，闻之于宋君。宋君令人问之于丁氏。丁氏对曰："得一人之使，非得一人于井中也。"求闻之若此，不若无闻也。

《白雪歌送武判官归京》安排在部编语文教材九年级下册第六单元。抓住边塞诗歌的"边塞"与"豪迈"来确定教学内容。边塞的奇寒之艰如何通过人与景体现？诗句开头的突兀，比喻句的奇美，正侧面的精彩描写，离别之潇洒豁达，送别场面的真诚与留白，等等，考虑到九年级学生的学情特点，引导学生围绕以上的发现，都可以上成诗歌鉴赏复习课来。

上一节课之前，教师问问自己这节课你想让学生学到什么知识与经验，这些知识与经验能对学生的后来发展产生作用与影响吗？明确了教学内容就等于明确了教学落点，也就是在每一个具体教学活动中，学生可以实际学到的东西。

（三）把古诗文当现代文来教

古诗文也是文学作品，对于文学作品，新课标在"7-9年级的阅读教学"中指出："欣赏文学作品，有自己的情感体验，初步领悟作品的内涵，从中获得对自然、社会、人生的有益启示。能对作品中感人的情境和形象说出自己的体验，品味作品中富于表现力的语言。"对阅读教学的看法，王荣生教授说："阅读教学的主要任务、语文教师的主要工作，是引导学生合适地阅读、理解、解释、感受、欣赏。"他认为阅读教学的主要工作不是对文本作解释（这是学生的工作，是学生在阅读），而是把自己理解教材的方式教给学生。把古诗文当做现代文来教，惟其如此，我们才能用阅读教学的观点去指导学生，去践行王荣生教授所倡导的"把教师理解教材的方式教给学生"。

我们去读、观名家课例，会发现几乎都是将古诗文当作现代文来教，如生命语文倡导者熊芳芳老师，青春语文倡导者王君老师，还有"我就想浅浅地教语文"的肖培东老师，本色语文倡导者黄厚江老师，等等。

把古诗文当作现代文来教，还有一个优势就是一气呵成，没有断裂之感，就像王君老师几个经典的诗词整合课例（讲教学方法时再细说）。

（四）采用合适的教学方法

厘清并做好了以上三点之后，要考虑的就是采用哪些教学方法来服务于教学内容了。中学生具有好奇好胜的特点，新异的刺激物能引起他们的定向探究活动。如果总是采用同一或相仿的教学方法，学生学习的积极性就会受到压抑。

一堂语文课要运用多种教学方法，为什么要采用这些方法？我们往往没去想，或者是因为教参上说的，或者是因为流行，或者是因为自己喜欢。有人说："教学手法更多地表现于教师的个体素养。教学手法灵活、生动的运用，能够从课堂艺术的层面表现教学的美感和力度，能够让学生在高雅、愉悦的氛围中有兴趣地学习语文和接受训练。生动地运用教学手法，是形成高效课堂的重要因素之一。"相比现代文，古诗文教学最需要的是教学方法，下面重点介绍以下几种教学方法。

1. 预习法

重视预习，正如陈日亮老师所言："在预习的基础上教学，在教学的指导下预习，是语文课程的一条定律。不预习就上课，是语文教学低效率的一个症结。一节课有预习垫底，就会出现高度；有预习先行，就会出现深度"。凡是有新课，必有预习，有布置，必要检查。同样，古诗文没有预习，会浪费宝贵的课堂时光。古诗文预习作业除了结合注释，扫清字词障碍，理解句子等，还可以用其他灵活多样的作业形式，等下再展开论述。至于古诗词，推荐分发预习卡，根据学段及学情特点等选择，如七年级学生可选择前面四项，到八年级增加"联读延伸"。

表8

篇名		作者及年代	
诗词背景			
精彩佳句			
字词传神			
画面再现			
联读延伸			

2. 朗读法

古诗文教学离不开朗读法，这点已成共识，但是在运用时，教师要注意朗读时机，学会翻新朗读花样。具体说来，有范读法（这就要求教师课下要花时间自己朗读，尤其是经典段落，反复朗读，读出重音、节奏、韵律、感情、意境等，再给学生范读。只要教师范读得好，调动起学生的积极性，学生就会朗读得有滋有味，有声有色），自由读（适合于齐读之前的前奏或者教完之后的后续，即让学生在底下大声地读，读得沸沸扬扬，读得字正腔圆，读得声色兼备），竞读（让小组之间、男女之间展开竞赛），演读（在诗文理解深入的基础上进行表演读，分好角色，以舞台表演的代入感去增强学生的表演欲望）这些相信平时教学都会用上。

介绍一种同起同落读（用声音的同起同落来判定学生对层次、结构的理解），比如教学《答谢中书书》，为了考查学生对文本结构的理解程度，我让学生思考片刻之后齐读，此时就会出现一部分学生声音未能同起同落，便可提问学生起落的理由了。诗歌教学中同样可以采用这种方法，比如《白雪歌送武判官归京》，由写景转入送别，一样可以采用这种方法进行考查。

3. 语言述画法

语言述画法就是用自己的语言描述自己读到某句看到的画面。语言述画是高于翻译的再想象、再创造。著名特级教师黄厚江老师执教《白雪歌送武判官归京》中有一个教学环节，黄厚江老师说好的画是"画中有诗"，好的诗是"诗中有画"，请学生描述自己读到某一句看到的画面。一起看这节课学生发言的几个片段。

生："北风卷地白草折，胡天八月即飞雪。"我看到呼啸的北风吹过了大地，地上长满了白草，北风一吹被折断了，然后灰蒙蒙的天空飘着的大雪就堆积到地上。

生："山回路转不见君，雪山空留马行处。"万里都是白茫茫一片，人在风雪中越走越远，影子也越来越小，唯一留在眼前不变的是一串串马蹄印。

近两年各地中考诗歌鉴赏题也屡屡出现，可以在七年级初始阶段就开始进行语言述画法的练习，坚持下来，必有成效。我执教《天净沙·秋思》时学生的语言述画如下。

生：枯藤老树昏鸦——一条条枯死的藤蔓不依不饶地盘绕在树干上，秋风中，枯叶摩擦声，寒鸦啼叫声，马蹄声，心跳声，声声刺耳。

生：小桥流水人家——昼夜不歇的是淙淙溪流，像我漂泊的步伐，远处横跨溪流两岸的小桥若隐若现，炊烟袅袅，飘散在林海深处。

生：古道西风瘦马——西风起，寒意生，谁见古道悠悠，瘦马无力走天涯？

生：夕阳西下，断肠人在天涯——天涯不是我的家，夕阳西下，将断肠人的影子拉得很长，很长。

4. 点评法

有了语言述画的基础，就可以借鉴余映潮老师的点评法。他在教学《答谢中书书》中对"高峰入云，清流见底"的示范是"第一步——在这里，巍峨的山峰耸入云端，宁静的溪流清澈见底，仰视云山一体，俯瞰河水青碧；第二步——'高峰'雄奇峻峭，'入云'写高入云际，天际，'清流见底'写出水流的轻缓和清明澄澈，于是峰高水低，相映成趣。"不难看出，这一方法分两步走：第一步，用自己的语言对原句进行再描述、再加工，其实就是语言述画；第二步，抓住自己喜欢的字或词语进行术语点评，可以从艺术形象、表现手法、描写方式、词语句段等方面进行。

运用这种方法的好处是可以一箭双雕：既考查学生对句意的掌握程度，

又提高学生的欣赏水平。这种方法同样适用于诗歌教学。七年级起始阶段，经过一段时间的点评训练，学生的欣赏水平一定会得到提高。

5. 朗读脚本法

在教学中，很多教师的口令离不开"大声读起来""读准字音""读顺句子""读得流畅""读好节奏""读出重音""读出感情""用你最喜欢的方法去读"等，认为学生能用清晰响亮的声音诵读就可以了，其实朗读不只是出声地念书，也不只是大声地读起来，朗读是一项技能，关乎语音、语速、语调、语气等。将朗读与品析结合起来的方法就是撰写朗读脚本。朗读脚本就是从感情基调、语速、语气、语调、节奏等方面对文章进行朗读设计，也就是个体在对文本理解的基础上融入的朗读处理，以文字形式出现，可以呈现撰写者对文本对朗读的理解，也可以对别人朗读起借鉴、指导作用。古诗词以及较短篇幅的文言文，都可以实现朗读与品析，达到一石二鸟的教学效果。大可从八年级开始采用这种方法。

我撰写《武陵春》上阕朗读脚本如下：

这是李清照晚年凄凉心境写照的一首词。"风住尘香花已尽"一句描述的是一幅落花满地、了无生机的画面，其中"花已尽"要读出词人的伤感，语调下沉。"日晚倦梳头"中"倦"字加重，这不是一个慵懒的女子，只因心中有太多的愁盘旋心间。是什么愁呢？一句"物是人非事事休"道出原因——夫死、国破、家亡，加上往日恩爱相处的场景如电影般清晰地浮现，人生最大的痛苦莫过于此了，这种难过让词人不想干别的事情了，"物是人非"加重语气，"事事休"语速快些。"欲语泪先流"中"欲语"要稍作停顿，读出凝噎之感，"泪先流"语速放慢，可以一字一顿，表示词人已经陷入深深的哀愁当中。

朗读脚本的撰写，绝不是简单的诗句翻译，对撰写者文本理解、朗读处理技巧等方面都有要求。首先要具备一定的朗读知识，教师要开设两节朗读讲座，告诉学生什么是重音、语调、语气以及身体语言甚至舞台呈现形式等。其次考查学生对文本理解能力水平。

6. 群文阅读法

群文阅读法也称整合法。单篇学习是教师最为习惯的语文课堂形态，但若将教材内外内容相似、写法相似或相反、主题相近的整合起来，则可以让教材立体起来，让语文教学充满灵动美，从而收到意想不到的好处。

王君老师有个经典的整合课例《陋室铭》和《爱莲说》：在第一课时（主要任务是指导朗读，尝试背诵）的基础上，第二课时则抛出一个问题——刘禹锡的精神世界与周敦颐相似，还是与陶渊明相似？要求学生用还原法寻找答案。这个问题绝不仅仅是一个问题了，它已经将三位作者的精神世界自然地放在一起比较，教会学生的不仅是从文字中寻找答案的阅读方法了，而且在寻找中，我们感受到了周敦颐、刘禹锡、范仲淹等这群走在时代的风潮浪尖上绝不沉沦绝不逃避的文人们的精神世界，他们已经超越了"穷则独善其身，达则兼济天下"的境界，他们"老当益壮，宁移白首之心；穷且益坚，不坠青云之志"，他们是中国知识分子的筋骨和脊梁。我想，这样的语文课堂不但将工具性与人文性巧妙地融合，而且给学生的情感熏陶是一辈子的。

还有一个词的整合课例：打破旧教材人教版九上第25课的编排顺序，实施了以主题为"问君能有几多愁"的整合教学，其核心环节如下：①自由朗读五首词，说一说如果以愁为分类标准，可以怎样为这五首词简单分类。②细读《望江南》和《武陵春》，比较两位女子的愁，讨论她们各自为何而愁？哪个女子更愁？③细读《渔家傲》《江城子》《破阵子》，比较三位诗人的愁，谁的愁最重？谁的愁稍轻？④比较两位女子笔下的愁和三位男儿的愁表现方法有何不同。

7. 变形法

余映潮老师认为"变文为诗""变诗为文""文中嵌字""词序变动""段序重排""造句成文""重新分段"等手法在阅读教学中的运用，都属于变形法。

比如，他在教学部编版《记承天寺夜游》时就文本编排一大段的不足进行了重新编排，告诉学生可以将课分为两段，三段，四段，请学生思考并说出理由。学生发现两段是按照先叙事再抒情，三段是根据记叙、描写、抒情，四段是按照结构的起（写出事件的背景）、承（写出寻友的情景）、转（写出美丽的月景）、合（写出非同一般的心境）进行。这样的变形，实现了对文本的解构和重构，学生由单篇文本读出了三篇，相比单纯的分层，效果好很多。

针对《狼》最后一段的议论，很多教师忽略了三个句末语气词"矣""哉""耳"，可以让学生去掉这几个词读读，看看在表达感情上产生的差异，从中发现这三个助词可以增加对狼的嘲讽之意。

《天净沙·秋思》是部编教材七上的内容，若对七年级的学生讲什么以景衬情、融情于景、情景交融等专业术语，可能连教师自己都觉得拗口。应永恒老师对词作进行两次变形，两次变形的目的不一样，第一次是体会原词意象叠加的妙处，第二次变形解决了"一切景语皆情语""万物皆着我之色彩"的难点。

8. 联系词语法

联系词语法多用在帮助学生对文言字词的理解上。比如《狼》中，"其一犬坐于前"的"犬"，联系"狼吞虎咽""土崩瓦解""冰清玉洁""冰消瓦解""星罗棋布"等，理解了名词活用做状语。还有"敌""薪""顾"等，请学生联系含此字的成语，比如一个"敌"（攻击）字牵出"势均力敌""腹背受敌""寡不敌众"等，一个"顾"字牵出"左顾右盼""顾盼生辉"，一个"薪"字牵出"抱薪救火""卧薪尝胆"等。

对于《曹刿论战》一样可以罗列出文中词义与相应成语，制作如下卡片。

齐人三鼓——一鼓作气   望其旗靡——所向披靡

彼竭我盈——恶贯满盈   小信未孚——不负众望

惧有伏焉——危机四伏   未能远谋——足智多谋 深谋远虑

故克之——克敌制胜 攻无不克   三而竭——殚精竭虑 精疲力竭

观其辙——南辕北辙 重蹈覆辙   故逐之——逐鹿中原 追亡逐北

难测也——莫测高深 心怀叵测

老子《道德经》中言"道生一，一生二，二生三，三生万物"，说的是万物从少到多，从简单到复杂的一个过程，如果，七年级开始在古诗文教学中就练习联系词语法，那么学生不但能记住该字含义，而且能扩大词语容量，丰富词汇积累。

9. 诗词翻唱法

2018年央视文化综艺推出《经典咏流传》栏目，数十首中国的古诗词被改编翻唱。每期5首，部编语文教材中一共有9首入选，有《木兰诗》《赠从弟（其二）》（第三期），《月下独酌》《从军行》（第四期），《天净沙·秋思》（第六期），《使至塞上》（第七期），《观沧海》《水调歌头》（第八期），《关雎》（第九期）。建议将这些古诗词翻唱引入课堂，让学生学唱，便于学生记忆。

10. 主问题法

主问题可以贯穿课文的整体教学，如《送东阳马生序》四个问题构成的"问题链"：①中心句是哪句？②"艰"在何处？③"勤"在哪里？④作者的写作目的是什么？看似简单的几个问题，实际上已抓住主要问题，牵一发而动全身了。

余映潮《狼》教例设计：①表现屠户和狼的斗争，故事情节层层相扣，紧张曲折，请举例分析。②篇幅短小，结构紧凑，语言简洁生动。"语言简洁生动"体现在哪里？③请以"狡猾"和"机智"为话题，谈谈你对故事的理解。

当然还有其他的方法，如比较法、练习法、跨媒介交流法等，这里就不一一列举。大家都知道魔方吧，一块块色彩单一的小木块独自存在时不会有人注意，也没什么趣味，但当它们一旦被凑在一起，合成魔方时，其变幻无穷的乐趣就一下子被发现了。这些教学方法就像"魔方"，我们平时能够根据教学内容的有效实现来选择、调配教学方法，也可以将古诗文玩得尽兴、有味。我们在教学生写作文时都要强调到文章至少要让阅卷者看到有一处亮点，我想这些教学方法就是我们上课的亮点，亮点不宜太多，眼花缭乱不一定是好事，让方法帮助学生更好地获取知识经验才是最终的教学目的。

三、模式与创新

当前讨伐花里胡哨的教学形式声浪阵阵，因为一成不变的教学模式确实会让学生失去兴趣。有了合宜的教学内容，有了服务于教学内容的教学方法，采取多种多样的教学模式也是必要的。

《穿井得一人》安排在部编教材七下第六单元《寓言四则》之中，王益民老师执教这一内容时一改传统课堂疏通字词、背诵全文的模式，选择了"玩"——"玩"诵读，"玩"翻译，"玩"故事，"玩"寓意，"玩"改编。一起来看该课的流程："玩"诵读，从标题入手，请生读说意思，找出三处人物语言，表现说话者的心理——高兴、激动、隐秘、辩解。用没有断句的横竖两种书写格式，考查学生断句掌握情况。"玩"翻译，教师提供一些补充注释，请学生把翻译说给同桌听，再用讲故事的形式说给同桌听。"玩"故事就是分组用第一人称变换叙述角度讲故事。"玩"寓意，从不同的角度得出不同的寓意。"玩"改编，教师示范一种改编和得出的寓意，学生思考讨论分享，在小故事大道理中进一步认识寓言。

这一节课与黄厚江老师执教的《黔之驴》一样，在"玩中学"，把一个故事"玩"了个遍，把一通寓意"玩"了个遍，把一则寓言"玩"了个透。提倡"玩中学"的课例，也可以参考刘勇老师执教的《虽有嘉肴》，也是差不多的模式与理念。

很多古诗文都蕴藏着丰富的作文借鉴资源，可以从中寻找一条作文教学的道路，读写结合是古诗文教学经久不衰的教学模式。写景从《与朱元思书》《三峡》《小石潭记》《答谢中书书》等文入手，议论说理从《鱼我所欲也》《马说》等文入手，写人记事从《孙权劝学》《周亚夫军细柳》等文入手。应永恒老师《学古文写作文》一书有翔实的案例，可以阅读、借鉴。

《茅屋为秋风所破歌》《卖炭翁》是部编语文教材八年级下册第六单元的两首唐诗。结合课后习题"思考探究"（两首诗中都有不少精彩的描写，如《茅屋为秋风所破歌》中对恶劣天气和生活环境的描写，《卖炭翁》中对卖炭老人肖像、心理、动作的描写，试结合具体句子做简要分析）与"积累拓展"（任选一首诗，发挥想象，增加一些细节，改写成一则小故事）中的要求，可以上一节作文展示课。让学生自己讲述改写的理由，在师生对话中一起寻找改写诗文要遵循的"变与不变"原则。对于那些情节性较强的诗文，如汉乐府《十五从军征》等，都可以用改写的形式走入文本，探究文本。

在"常式"教学模式上开发一些"变式"，如采用各司其职的小组合作法，一篇《石壕吏》学习，可以将小组任务分解为改编课本剧、讲解重点字词句、质疑文本等；如比赛法，是调动初中学生积极性最简单的一个办法，在诗词复习课上可以采用分组对抗比赛。教学《桃花源记》，为了让学生理解陶渊明虚构桃花源的用意，可以举行一个"时空连线"的模拟采访，让学生在扮演渔人、村中人、陶渊明等角色中，深度走进桃花源，理解桃花源。

四、作业与用心

古诗文作业除了背诵、默写之外，我们还可以采用哪些灵活多样的作业形式呢？

（一）找背景音乐

找背景音乐适合在下节课需要朗读课型或者表演课本剧时使用。比如，教学《石壕吏》，布置学生找配乐，课上试听，选用二胡曲目《江河水》；《岳阳楼记》的配乐，则采用宏伟壮阔的交响乐。使音乐与文本相互配合、相互诠释。

（二）读写结合

《小石潭记》可以布置模仿例句"闻水声，如鸣佩环"，水声叮咚，清越动人，选用"清新　清凉　清秀　清越　清澄　清脆　清亮　清澈　清幽　清冷　清寒　清寂　清静　清冽　清凄　清丽　清晰　清纯"中任何一个字词，就课文内容写一个句子。

（三）发现法

以《卖油翁》课后作业为例，请用"课文中有两个……"的句子说话。比如课文有两段，第一段写的是"看陈射箭"，第二段的内容是"评陈射箭"。全文由两段组成，第一段写得略，第二段写得详。陈尧咨和卖油翁在两个方面形成对比：一是身份、技能，二是性格。

（四）归类法

以《陈太丘与友期行》课后作业为例，找出两个比较难以理解的字，两个分别表示尊敬与谦虚的字，两个同形而意义有别的字，以及两个字形不同和意相近的字，两个能体现本文要义的字。该作业既解决了字词的认读，又带有一定的思维训练和学习方法训练。

（五）改写

以《天净沙·秋思》课后作业为例，展开想象，将《天净沙·秋思》改写成一篇小散文。

（六）对对子

以《爱莲说》课后作业为例，根据对子的上联"出淤泥不染，荷乃花中君子"，给出你的下联。（示例：凌严寒怒放，菊为群芳英豪）

（七）撰写朗读脚本法

教师以朗读脚本撰写来引导学生几首后，就可以让学生撰写了。

（八）思维导图法

引导学生用思维导图来预习或者温习古诗文知识。

（九）作业套餐

兼顾不同层次、不同学情、不同才能的学生，设计作业套餐。比如，针对《卖炭翁》，可以设计预习作业为：①必做题——"故事我来说"。②选做题——A. 模拟角色朗读。B. 模拟角色表演。

五、几点建议

（一）追求高效简约的课堂

不管采用哪种教学方法和教学模式，古诗文教学还是要追求高效简约的课堂，何为高效课堂？体现在语文这学科上就是教师要在有限的课堂时间里最大限度地为大多数学生传授知识、共享心得、提高素养的过程展现。蔡林森有一个著名的观点：学生会的坚决不教！何为简约？就古诗文课堂教学来说，就是教学环节不要太繁杂，而要简单大方，上出大气的课来。

（二）重视结课

结课好比语文课的最后一公里，是课堂结构的组成部分，处于课堂的末端。李海林教授说："能用一句话，甚至一个短语、一个词说出自己这堂课要给学生的东西，至少说明教师本人是明白这堂课的教学内容的。"

（三）上出语文味

作为学生生命成长路上重要的陪伴者，我们在进行古诗词教学时，要上出我们的语文味，日后，学生会忘记课堂知识，但是，在课堂中的语文素养却会渐渐积淀，这些都会陪伴着他们一生。

六、结语

如果古诗文教学误区少有人走，那么语文教学中的教育价值、文化价值、艺术价值就能迸发出光彩，学生考得好也就是水到渠成之事了。"要在语文教学中和学生一起获得生命成长的体验，享受学习语文的快乐，获得智慧，将'精神成长'置于'科学获知'之前，这才是'教学相长'的真正含义！"与大家共勉。

基于新课标背景的中学语文课堂观察

一、思考与交流

（一）互动环节

以下四个课堂教学流程例子，你觉得哪几个案例属于新课标背景下的语文课堂？理由是什么？

案例1：

一教师执教高二选修课《种树郭橐驼传》第二课时的教学流程：回顾上节课第一至第三段主要内容和运用的写法，接着学习第四段，教师逐字逐句，结合课件串讲过去，得出本段类比说理或者说是给郭橐驼立传的真实用意——为官者的扰民。课堂结束。

案例2：

一教师执教七上《狼》的教学流程：学习第一段和第二段时，让学生用原文语句来回答老师的问题。第三段等学生自由地大声地朗诵完之后，教师翻译该段并提前告知学生有四处错误要求指出，同时用成语来印证字词。在"杀狼"一环节中，用绘制的两幅杀狼图让学生用原文句子来指正错误处，攻克了重点字词句的理解等。最后让学生想象屠户和狼的心理以及学习本文的意义。

案例3：

四位语文教师合起来上一堂课"暖暖亲情，走过四季"。以四篇课文为例，"春"讲的是语言（《散步》——不疾不徐话"语言"），"夏"讲的是选材（《爸爸的花儿落了》——举重若轻话"选材"），"秋"讲的是情景(《秋天的怀念》——情真意切话"情景"),"冬"讲的是描写(《背影》——真实生动话"描写")。以亲情为关节点,采用并列式的结构,将写作的四个维度知识平铺开来。

案例4:

《骆驼祥子》名著阅读课——"拯救祥子——尝试为祥子逆天改命":由电影《哪吒之魔童降世》中经典台词"我命由我不由天"引出课题,请学生尝试为祥子"逆天改命"。以几个关键事件为抓手,分别是"车被抢""人被骗""希望破灭",提出的问题分别是:如果我们告知祥子出车有危险,祥子会出车吗?如果让祥子离开虎妞,离开北平,开始新的生活,他能做到吗?如果让祥子和孙侦探抗争,祥子敢动手吗?在虎妞难产而死后,如果让祥子娶小福子,他敢与小福子结婚吗?课堂拓展部分:直击热点——中国科学院博士论文致谢走红,阅读后思考从中国科学院博士的经历中感受到了什么样的精神品质?再反思为什么拯救三次行动都失败了?反思得出:一方是"我命由我不由天",祥子是"我命由天不由我"。最后去反思自己平时行为。

(二)分析建议

我们观课,很多时候都会去关心当堂课的课堂气氛、教学设计以及教师素养等,这些都没错。这些观课点可以引起我们的共鸣、共识,新课标背景下,除此之外,还有没有其他观课点?

二、弄清两个概念

(一)新课标背景

《普通高中语文课程标准(2017年版2020年修订)》和《义务教育语文课程标准(2022年版)》两者之间有很多相同点。

1. 目录对照

表9

义务教育	普通高中
一、课程性质 二、课程理念 三、课程目标 （一）核心素养内涵 （二）总目标 （三）学段要求	一、课程性质与基本理念 （一）课程性质 （二）基本理念 二、学科核心素养与课程目标 （一）学科核心素养 （二）课程目标 三、课程结构（必修、选择性必修、选修） （一）设计依据 （二）结构 （三）学分与选课
四、课程内容 （一）主题与载体形式（新增） （二）内容组织与呈现方式（新增）	四、课程内容 （一）学习任务群 （二）学习要求
五、学业质量（新增） （一）学业质量内涵 （二）学业质量描述	五、学业质量 （一）学业质量内涵 （二）学业质量水平 （三）学业质量水平与考试评价的关系
六、课程实施 （一）教学建议 （二）评价建议 （三）教材编写建议 （四）课程资源开发与利用 （五）教学研究与教师培训（新增） 附录 附录1　优秀诗文推荐背诵篇目 附录2　关于课内外读物的建议 附录3　关于语法修辞知识的说明 附录4　识字、写字教学基本字表 附录5　义务教育语文课程常用字表	六、课程实施 （一）教学建议 （二）评价建议 （三）教材编写建议 （四）课程资源开发与利用 （五）教学研究与教师培训（新增） 附录 附录1　优秀诗文推荐背诵篇目 附录2　关于课内外读物的建议 附录3　关于语法修辞知识的说明 附录4　识字、写字教学基本字表 附录5　义务教育语文课程常用字表

从目录对照可以看出，2022版义务教育新课标增加了核心素养、课程内容和学业质量等内容版块。各版块内容与普通高中新课标内容基本吻合，前后呼应，体现了语文学科学习目标的连续性和进阶性，有利于围绕培养学生核心素养，开展义务教育阶段与高中阶段的衔接教学。

2. 课程性质

表10

义务教育	普通高中
语文课程是一门学习语言文字运用的综合性、实践性课程。工具性与人文性的统一，是语文课程的基本特点。语文课程应引导学生体会语言文字的特点和运用规律，培养语言文字运用能力；同时，发展思维能力，提升思维品质，形成自觉的审美意识，培养高雅的审美情趣，积淀丰厚的文化底蕴……全面提升核心素养。 语文课程致力于全体学生核心素养的形成与发展……语文课程的多重功能和奠基作用，决定了其在九年义务教育中的重要地位	语文课程是一门学习祖国语言文字运用的综合性、实践性课程。工具性与人文性的统一，是语文课程的基本特点。语文课程应引导学生……把握祖国语言文字的特点和运用规律……培养运用祖国语言文字的能力；同时，发展思辨能力，提升思维品质，培育社会主义核心价值观，培养高尚的审美情趣，积累丰厚的文化底蕴，理解文化多样性。 普通高中语文课程，应使全体学生在义务教育的基础上，进一步提高语文素养，形成良好的思想道德修养和科学人文修养，为终身学习奠定基础

从课程性质来看，义务教育与普通高中阶段内涵相同：工具性与人文性的统一；注重培养学生语言文字运用能力；发展思维能力；形成自觉的审美意识和情趣，树立正确的世界观、人生观、价值观。

3. 课程理念

表11

义务教育	普通高中
1. 立足学生核心素养发展，充分发挥语文课程育人功能。 2. 构建语文学习任务群，注重课程的阶段性与发展性。 3. 突出课程内容的时代性和典范性，加强课程内容整合。 4. 增强课程实施的情境性和实践性，促进学习方式变革。 5. 倡导课程评价的过程性和整体性，重视评价的导向作用	1. 坚持立德树人，增强文化自信，充分发挥语文课程的育人功能。 2. 以核心素养为本，推进语文课程深层次的改革。 3. 加强实践性，促进学生语文学习方式的转变。 4. 注重时代性，构建开放、多样、有序的语文课程

在课程理念方面，二者都强调了语文课程的育人功能；立足（推进）核

心素养发展；注重内容的时代性；加强学习方式的实践性（情境性）；以构建语文学习任务群形式开展学习。

4. 课程目标

表12

义务教育	普通高中
核心素养内涵 1. 文化自信 2. 语言运用 3. 思维能力 4. 审美创造	学科核心素养 1. 语言建构与运用 2. 思维发展与提升 3. 审美鉴赏与创造 4. 文化传承与理解

在目标定位上，两个阶段的课程标准都构建了素养型课程目标，内容包括：语言运用、思维能力、审美创造、文化自信与传承四大方面。

同时，二者又按照循序渐进的原则设置课程目标：义务教育阶段重在素养的初步形成，普通高中强调在义务教育阶段基础上素养的进一步提升。

5. 课程内容

（1）义务教育语文学习任务群。

表13

基础型学习任务群	1. 语言文字积累与梳理	
发展型学习任务群	2. 实用性阅读与交流	每个任务群贯穿四个学段
	3. 文学阅读与创意表达	
	4. 思辨性阅读与表达	
拓展型学习任务群	5. 整本书阅读	
	6. 跨学科学习	

（2）普通高中语文学习任务群。

表14

必修（8学分）	选择性必修（6学分）	选修（任选）（12学分）
整本书阅读与研讨（1学分）	（整本书阅读与研讨、当代文化参与、跨媒介阅读与交流在选择性必修和选修阶段不设学分，穿插在其他学习任务群中）	
当代文化参与（0.5学分）		
跨媒介阅读与交流（0.5学分）		

续表

必修（8学分）	选择性必修（6学分）	选修（任选）（12学分）
语言积累、梳理与探究（1学分）	语言积累、梳理与探究（1学分）	汉字汉语专题研讨（2学分）
	中华传统文化经典研习（2学分）	中华传统文化专题研讨（2学分）
文学阅读与写作（2.5学分）	中国革命传统作品研习（0.5学分）	中国革命传统作品专题研讨（2学分）
思辨性阅读与表达（1.5学分）	中国现当代作家作品研习（0.5学分）	中国现当代作家专题研讨（2学分）
实用性阅读与交流（1学分）	外国作家作品研习（1学分）	外国作家作品专题研讨（2学分）
	科学与文化论著研习（1学分）	学术论著专题研讨（2学分）

6. 课程内容

从课程内容来看，两个阶段的内容主题与载体形式主要是中华传统文化、革命文化和社会主义先进文化；课程内容的组织与呈现方式都是"语文学习任务群"。

7. 课程实施

教学建议方面，两个阶段都强调立足核心素养，彰显教学目标以文化人的育人导向。教学内容要体现语文学习任务群特点，整体规划学习内容，充分理解学习任务群的特点，处理好学习任务群之间的关系。

其他像"学业质量"等就不一一比较。抓取两者之间的一些关键词，作为课堂观察的参照点，如核心素养，育人价值，思维能力，情境化，学习任务群，教学评等。

（二）课堂观察

课堂观察，有别于我们日常的观课，它是进行课堂研究的一种研究方法，要求研究者或者观察者带着具体的明确的目的，凭借自身感官以及相关的辅助工具、直接或者间接从课堂情境中收集资料，并依据资料作相应研究的一种教育科学研究方法。

推荐阅读陈大伟的两本书《有效观课议课》《观课议课的理念与实践策略》和沈毅、崔允漷主编的《课堂观察：走向专业的听评课》，无论课改怎样，无论新课标背景怎样，这些书中的观点都是经得住时间检验的。

用一张表格来说明课堂观察和日常观课的相同点和不同点。

表15

阶段安排	日常观课	课堂观察意识观课
课前准备	浏览文本，借助教参、自身教学经验等	除日常观课课前准备之外，确定观察目的以及观察维度表
课中工作	记录整节课流程概要，写下自己的理解，观察目标不集中	针对自己事先确定的观察目标详尽记录，分工合作
课后工作	对整节课进行评议，可能面面俱到	对自己的观察点进行汇报、分析，寻找解决的方法
精神实质	个人主义（孤立）	专业主义（合作）

（三）两个概念之间的联系及意义

经常带着课堂观察意识去观察、评判、执教一节课，对于观课者和执教者来说，意义重大。

1. 促进教师思考

美国心理学家波斯纳给出了一个教师成长的简洁公式：教师成长=经验+反思。"如果一个教师仅仅满足于获得经验而不对经验进行深入的思考，那么，即使是有二十年的教学经验，那也只是一年工作的20次重复，除非善于从经验反思中吸取教益，否则就不可能有什么改进。永远只能停留在一个新手型教师的水准上。"经验的来源可以是课堂教学，也可以是口头交流、书本及网络上。以课堂教学经验为例，观自身课堂教学的教育观念、教学设计、教的行为、学的行为、学的效果之间联系和关系能获得直接经验；观他人课堂能获得间接经验。以课堂观察意识去反思经验，聚焦教学，改善课堂教学行为，可以让教师促进自己的课堂建设，走向更加有效的教学道路。

2. 促进学生成长

课堂也是学生生命成长的地方，对学生而言，学校生活、课堂生活是他们生命历程的重要组成部分，从学校、课堂获取的幸福感则是他们人生幸福感的组成部分。教师无疑是课堂幸福的创造者。从这个意义上，研究课堂，改进课堂就成为教师的伦理责任。语文教师要让更多的学生爱上你的课堂，享受你的课堂，爱上文字，爱上语文。

崔允漷教授提出一个关于"好课"的观点：让学生的学习增值。即增加课堂的动力值（学生上了你的课，产生强烈的学习兴趣）、方法值（学生学到新的方法）、数量值（学生增加了一些知识，学生增加了一些技能）、意义值（学生学的东西是有价值的、是受用的，或许是终身受用的）。

不上学生眼中的"语文烂课"。

表16

"烂课"等级	课堂状态
第一级	老师一直提问题，我们一直找答案
第二级	不管什么课文，都是一个教学模式，让人听到吐
第三级	不管咋回答都点赞，常向我们讨掌声
第四级	有写作文的课，却没指导写作文的课
第五级	故作高深讲解题诀窍，只是因为你手里有答案
第六级	一问就答，一答就对，一呼百应
第七级	眼中无人，老师自顾自一讲到底
第八级	迷信做题，文本学习都变成了做模拟题
第九级	用做讲义、背答案的方式替代原著阅读
第十级	你不讲我还明白，你越讲我越糊涂

三、四个维度观察课堂

以课堂观察意识聚焦中学语文有效教学，建议关注四个维度——教学内容、教师素养、学生学习、课堂文化。

（一）教学内容

为什么要将教学内容放在第一位？打一个浅显的比方，教学内容好比一个人的骨架，骨架歪了，就算穿上华美的衣裳（如适切的教学方法论），看起来也是怪怪的。

教什么，这是一个关乎语文课程价值的重大问题。一堂课，如果教学内容有问题，或者只针对考试而教，那么教师的感染力再好，课堂气氛再热烈，价值都是有限的。

语文教育教学研究专家王荣生教授在《听王荣生教授评课》这本书中反复强调："一节成功的语文课，在于教师把握适宜的教学内容。""一节好的语文课，主要的标志是教学内容正确并使学生有效地获取相应的经验。"

我们知道课堂是一个常量，面对一篇课文有许多文本秘妙的情况下，如何选取和确定教学的核心价值，成了检验教师是否合格或者优秀的试金石，因为我们不可能文本有多少教学价值就教什么，也不能想教什么就教什么，更不能什么好教就教什么。

新课标背景下，尤其要重视、审视自己的教学内容。在很多课堂上，存在教学内容陈旧、庞杂、偏移、泛学科化、游离学生认知水平等现象。

回到案例1《种树郭橐驼传》这节课。教学内容就是学习第四段（梳理字词以及学习类比推理写法）。教师逐字逐句，结合课件串讲，这些文言字词学生是不是可以通过课前预习解决？若是放在课上解决，可以以检测手段处理，或者像案例2中的课堂灵动处理。既然类比推理是教学重点，是不是可以联系旧知、整合单元甚至课外群文一起学好"类比推理"？而不蜻蜓点水、浮光掠影？同时追问自己：新课标背景下，从教学内容选择到课堂生成之间，学生的语文核心素养、思维能力是否有提升？

教学内容的选择，势必会影响到课堂有效度。很多语文课堂，有必要对"有效教学"进行再次认识。

钟启泉教授认为，"所谓有效，主要是指通过教师在一段时间教学之后，学生所获得的具体进步或发展。也就是说，学生有无进步与发展是教学有没有效益的唯一指标。教学有没有效益，并不是指教师有没有教完内容或教得认真不认真，而是指学生有没有学到什么或学生学得好不好"，在这段话中，我们注意几个关键词：一段时间，具体进步与发展，学生学到。一段时间以节数、周时数、月时数等计量，日积跬步，假以时日，能清晰见到学生的成长过程。从最基本的一节课开始，定位"有效"二字。何为有效？

体现在语文这门学科上就是教师要在有限的课堂时间里最大限度地为大多数学生传授知识、共享心得、提高素养的过程展现。

继续观案例3，课堂创意似乎挺好。但在教学内容的选择上依然存在问题：一节并列式结构的课堂，这样的教学仍然停在教知识的层面上，学生收效甚微，甚至几无实质性收效。

再看案例4，以情境任务化教学设计为创意。通过"拯救祥子，尝试为祥子逆天改命"的有趣主题提起学生兴趣，学生带着任务对祥子的一生展开了解，通过三个关键事件说明最后的结果——拯救祥子失败。最后学生反思悲剧、反思自我。作为整本书阅读课的汇报课型，在教学内容的选择上，可以说是充满智慧的，也是契合新课标要求的。

案例5：

思考高一必修4的词单元。选取宋代四位重量级的具有标杆意义的词人：柳永、苏轼、辛弃疾、李清照。如果是初中课堂，最多是教学一首带几首，课堂拓展不会很深，《义务教育语文课程标准（2022年版）》提出"欣赏文学作品，有自己的情感体验，初步领悟作品的内涵，从中获得对自然、社会、人生的有益启示。对作品中感人的情境和形象，能说出自己的体验；品味作品中富有表现力的语言"。而《普通高中语文课程标准（2017年版2020年修订）》则作了如下规定。

学习任务群5　文学阅读与写作

本任务群旨在引导学生阅读古今中外诗歌、散文、小说、剧本等不同体裁的优秀文学作品，使学生在感受形象、品味语言、体验情感的过程中提升文学欣赏能力，并尝试文学写作，撰写文学评论，借以提高审美鉴赏能力和表达交流能力。课内阅读篇目中中国古代优秀作品应占1/2。

这就要求教师在教学内容的选择上有所侧重。知人论诗，怎么知？知

之深方可论之切，比如讲苏轼，多数教师绕不开乌台诗案，以此为时间坐标点去看苏轼的精神蜕变与升华，再讲苏轼的贡献，接着以苏词的几首代表作品品味他的婉约，他的豪放。做到这些，就已经挺好的了。当然，只做到这些，还是不够的，如何在学习任务群下考查文学欣赏水平？除了可以撰写文学评论，还有没有别的考查方式？我们等下继续探讨这个课例。

1. 教学内容选择的注意事项

在教学内容的选择上，我们有哪些需要注意的事项呢？我们一起来看王荣生教授把握一堂好课的9级累进标准——以9级累进标准为阶梯。

（1）最低标准。

教师知道自己在教什么：教师对所教内容有自觉的意识→教的是"语文"的内容→教学内容相对集中（少而精）。

教师起码知道教参的规定→少充斥与语文关联不大甚至明显无关的知识，不"乱耕别人的田，荒了自己的地"→教学内容少而精，是课堂教学的基本原则。

案例6：

2007年或者2008年时，曾经开过一节区公开课，该课是有关"莲花"的综合性学习活动。记得课前让学生分组完成任务：收集描写莲花的诗文，合作手抄报等，课上学生展示莲花诗文，抢答莲花的小知识（涉及生物知识），朗读，课堂轰轰烈烈。后来回顾，课前作业可以提高学生的收集整理能力，但是课上的抢答赛已经偏离语文轨道。换句话说，课堂的"语文味"淡了，若是诗文填空、诗文小练笔，那还姓"语"。尽管在新课标背景下，你可以对抢答莲花知识这一环节上理解成"跨学科学习"，但是，跨学科也是要围绕学科学习的。

案例7：

《苏州园林》中流程设计。

探究：假如你是园林的设计者，你会怎么设计让游客有"如在画图中"的感受？（讨论约8分钟，学生说不出道道来）

探究：假如你来介绍苏州园林，还有别的思路吗？

这样的探究设计都超出了学生的经验与能力，没能围绕文本展开语言活动。

（2）较低标准。

教学内容正确：教学内容与听说读写的常态一致→教学内容与学术界认识一致。

如何理解教学内容与听说读写的常态一致呢？初、高中新课标"课程性质"内涵相同，如工具性与人文性的统一，十分注重培养学生语言文字运用能力，等等。可以说，语文就是听说读写的结合。

任何国家、任何民族的语文教育，究其实质就是为了让下一代掌握本国本民族的语言，能够争取理解和运用本国的语言文字。"透过言语形式理解言语内容，进而凭借对言语内容的把握，品味言语形式的妙处，获得言语形式运用规律、技巧及言语本身"，具体落实到每篇文章，就是明确的言语形式和教学目标，以及恰当的教学内容。课堂不应肢解文本，或堆砌一堆的语文术语。

案例8：

区城北公开课展示，三个教师同课异构七下"说和做——记闻一多先生言行片段"。教师们从结构梳理和人物形象、细节描写分析等方面展开，这些都属学科专业知识。除此之外，就没有别的教学内容可以选择了吗？比如就一细节描写，若能在品读文字的基础上进一步学以致用，就是让学生根据句子特点进行仿写，会不会让学生更有收获，真正做到读写结合？

比如，对这句"人家说了再做，我是做了再说。人家说了也不一定做，我是做了也不一定说"，学生模仿"人家说了再占课，我是占课了再说。人家说了不一定占，我是占了也不一定说"；这句"深宵灯火是他的伴侣，因它大开光明之路，漂白了的四壁"，学生模仿"作业是我们的伴侣，因它，我们写废了双手，漂黑了本子"；"他从唐诗下手，目不窥园，足不下楼，兀兀穷年，沥尽心血"，学生模仿"身高八尺，笑声黑暗，神出鬼没，闪现抓人，老王一笑，生死难料"。

这也是很多年轻教师容易忽视的地方，迷信教参，迷信网络上铺天盖地的课件、案例，等等，失去了对语文是什么的深度思考。语文，就是听说读写的有效结合，语文，就是在文字里出出入入，深深浅浅。

与学术界认识一致，实际上就是与专业知识一致。

案例9：

歧义争论：宣纸是纸中的老寿星。

学生在拟人和比喻之间摇摆不定，显然，"纸中的"三个字使答案一定是拟人，把物当作人，去掉这三个字，就是比喻了，本体与喻体是本质不同的两个事物。

（3）较高标准。

教学内容的现实化：想教的内容与实际在教的内容一致→教的内容与学的内容趋向一致。

很多时候，特别是家常课，很多教师的课堂内容是随意性的，缺少目标驱动意识和时间管理意识。

案例10：

一教师执教高二必修3白居易《长恨歌》第一课时的教学流程如下：

引出课题（17分钟）—知人论世（12分钟）—解题（1分钟）—问题解决（10分钟）

引出课题：课件呈现三个饰演杨贵妃的演员的剧照问学生对角色选定的看法，教师介绍影视剧情与历史之间的冲突，接着转入文人墨客笔下写杨贵妃的句子，引出《长恨歌》的浪漫。

知人论世：谈白居易的字的由来，以及白居易诗歌的主张、特点等。

解题：歌行体，谁遗憾？为什么遗憾？如何表现？（学生没有回答）

问题：

① 请找出诗中唐玄宗到过的地方有哪些？

② 根据唐玄宗的行程线索，诗歌可以分成几个部分？

③ 作者是从哪些角度来刻画杨玉环这一绝代佳人的（找出诗句）？用了什么手法？

课堂在大部分的时间里，学生兴致很高，愿意听教师侃侃而谈，但学生获取语文知识也许只集中在课堂最后10分钟。也就是说，很多时候，我们对要让学生学到什么知识，经常是随性而为的。

回到案例5高一必修4的词单元。如果能够加入探讨苏轼对儒道两家品格与修养的熔铸，就能知晓苏轼始终坚守自己的政治理想与操守，既不苟从于王安石的新党，也不盲从于司马光的旧党的原因了。再结合初中学过的《逍遥游》，就会找到解开苏轼一生屡遭贬谪，但精神意志不垮的源头。同样，阅读苏轼的诗词，也不能孤立地看，也应该从词的发展去探究，其中欧阳修和柳永两人对其影响至深，都写过同题词作。欧阳修于苏轼有知遇之恩，两人同样有贬谪遭遇，又都有豁达疏朗之气。

（4）理想标准。

教学内容与语文课程目标一致，切合学生的实际需要。

王荣生等教授在《语文教学内容重构》一书中，告诉我们厘清三个概念"语文课程标准""语文课程内容""语文教材内容"之间的关系。"语文课程标准"是语文课堂的航标和延续的方向、核心支撑，解决的是"是什么"的问题，是国家期望学生达到的语文素养，"语文课程内容"面对的是"教什么"的问题，是为了达到语文科特定的课程目标要选择的教学内容，"语文教材内容"是教学操作层面的问题，包括教学中对现有教材内容的沿用，也包括教师对教材内容的加工、处理、删减等。

如果教师对前面两个概念不是很上心，那么肯定会影响课程的执行，对课程标准、课程内容的不理解，也肯定会降低教师对教材的二次开发能力以及对课堂教学的实施，从而出现盲目教，随便教，把"课程的语文"演变成"教师的语文"。

"开发和张扬是有界的，语文教师并不能代替课程或者篡改课程"，也就是说教师需要根据所教学生的具体情况来选择或开发合适的教学内容。

案例11：

针对七上莫怀戚的经典美文《散步》，许多教师都将该课设计成复述文章的主要内容和探讨文章的主题这两个内容，没有注意单元提示中的要求"学习本单元，要在整体感悟课文内容的基础上，注意语言的积累和写法的借鉴，并注意朗读和圈点勾画"。我们在备课时肯定要考虑到一堂课在单元中的地位，在年级乃至整个初中阶段的地位，在教学内容的选择上将这篇作为记叙文写作的范文，去带领七年级的学生发现、总结记叙文的诀窍。比如，为学生提供余映潮老师的发现。

轻点一笔——概说事件（"我们在田野散步：我，我的母亲，我的妻子和儿子。"）

交代一笔——介绍原委（"母亲本不愿出来的……就像我小时候很听她的话一样。"）

穿插一笔——烘托渲染（"天气很好……这一切都使人想着一样东西——生命。"）

简叙一笔——略写事件（"我和母亲走在前面……我们都笑了。"）

巧折一笔——写出波澜（"后来发生了分歧……我说：'走大路。'"）

再叙一笔——解决事件（"但是母亲摸摸孙儿的小脑瓜……母亲对我说。"）

深化一笔——表达感悟（"这样，我们在阳光下……就是整个世界。"）

这种诀窍对于不怎么会写作文的孩子，作为入门引导是十分有效的。体现了教学内容的选择契合学生需要。

案例12：

针对朱自清的经典美文《春》，大部分教师将其归纳为"春花图""春草图""春风图""春雨图""迎春图"五幅图，然后品析语言就结束了。这种陈旧的内容被应用了几十年。一个优秀的语文教师除了应对文本进行内容、语言上的解读，还应从形式上对文本进行整体解读，重建文本的价值。黄厚江老师执教该课时提出：这篇散文的文眼是哪句？这五幅图是按照什么来组合的？这种组合在我们的写作中是需要考虑的。

这篇美文的灵魂句是"春天的脚步近了"，五幅图就是围绕"春姑娘"走来的脚印安排的：在地下萌动的春草是最有反应的，春是地气先生起，草木长了，才会开花。春天来了，风还是很寒冷的，所以"吹面不寒杨柳风"。春雨不能放在春风前，因为春风化雨。土地化了，人物才能活动，这样迎春图自然就出来了。

案例13：

以高中新教材必修上册第一单元铁凝的《哦，香雪》的教学为例。本单元的主题是"青春的价值"，但这不等于是本课的教学内容。编者将它与茹志鹃的《百合花》放在一起，作为学习任务群10"中国现当代作家作品研习"，课标在这一任务群中对学习的目的作了阐释："旨在大体了解现当代作家作品概貌，培养阅读当代文学作品的兴趣，以正确的价值观鉴赏文学作品，进一步提高文学阅读和写作能力，把握中国现当代文学作品思想性、艺术性、观赏性有机统一的价值取向。"两篇都是小说，高一新生面对的文学作品，应该教会学生阅读文学作品的方法。比如，要落实"作品的内涵"，也就是小说的主题，教学内容就是教学生如何探究小说的主题，推荐一书中一教学设计。

过程·方法建构

一、台儿沟和乡村生活

1. 利用小说中的描写，你能还原出台儿沟的自然环境和日常生活情景吗？

2. 你了解类似的乡村生活吗？大家说一说，议一议。

二、景物与情感

1. 默读小说结尾香雪回家这部分，体会香雪的情绪变化和她眼中景物的变化，并想想这两者之间的关系。

2. 找出作者描写台儿沟的有关词句，说说作者渗透其间的情感态度。

（提示：如"一切又恢复了寂静，静得叫人惆怅"。）

---

3. 分小组讨论

（1）"北京话"。

（2）假如你是……

（3）你眼中的台儿沟将是什么样子的？

（4）香雪的公社同学。

三、物象与情感

1. 香雪对塑料自动铅笔盒"渴望已久"，为什么？请找出小说中的相关细节。

2. 在作者看来，铅笔盒象征着什么？香雪对铅笔盒的"渴望"又象征着什么？

3. 讨论下列观点：

有人说，香雪不喜欢她父亲亲手做的"小木盒"，而用她娘辛苦攒下的四十个鸡蛋换了一个铅笔盒，是虚荣表现，意味着纯真而质朴的乡村文化的失落。

有人说，换铅笔盒的"历险"，正是小说的重点和高潮，表现的是香雪的自尊与自强，意味着城市文化和现代文明不可抗拒的魅力，是乡村社会走向开放的起点。

你更赞同哪种观点？凭你对城乡生活的了解，你觉得"香雪"的未来更可能是怎样的？如果要你来规划，你希望未来的"台儿沟"是什么样子？

这个课例旨在教会学生掌握阅读小说的一大方法——探究小说主题。

以上9级累进标准，可以作为我们拥有课堂观察意识的第一要准，也可以作为我们平时上课努力对照的标准。教学内容的正确选择，是一节好课成功的一半。上一节课之前，教师要问问自己这节课你想让学生学到什么知识与经验？这些知识与经验能对学生的后来发展产生作用与影响吗？

2. 教学内容确定原则

在确定教学内容的过程中，需要注意以下原则。

（1）基于语文核心素养提高。

语文课程目标从早期的"双基"（基础知识、基本技能），到之后的"三维目标"（知识与技能、过程与方法、情感态度与价值观），再到现在的"四维目标"（语言、思维、审美、文化），以及初、高中新课标增加核心素养、育人价值等，我们可以清楚地看到，语文教育让学生获得的已经不单单是知识与技能了，而是具有终身发展价值的人格修养与关键语文能力。

基于核心素养的语文课堂有效教学，绝不再是教师的"一言堂"了，而要考虑的是如何培养学生的"四维能力"了。一节课不可能面面俱到，但也要尽量站在学生的发展角度来实施。正如全国著名特级教师、博士窦桂梅老师曾说过，我们上课追求的不是"生动"，而是努力让学生"心动"，唤起那种内在的心灵深处的涌动，甚至是心灵的震撼。

案例14：

案例2执教老师是青春派语文领军人王君老师，她曾经把《陋室铭》和《爱莲说》两篇整合起来教学：在第一课时（主要任务是指导朗读，尝试背诵）的基础上，第二课时抛出一个问题——刘禹锡的精神世界与周敦颐相似，还是与陶渊明相似？要求学生用还原法寻找答案。这个问题绝不仅仅是一个问题了，它已经将三个人的精神世界自然地放在一起比较，教会学生的不仅是从文字中寻找答案的阅读方法了，而且是在寻找中，让学生感受到了周敦颐、刘禹锡、范仲淹等这群站在时代潮头绝不沉沦、绝不逃避的文人们的精神世界。这样的语文课堂不但将工具性与人文性巧妙地融合，而且带给学生的情感熏陶是一辈子的，这何尝不是一节四维目标的综合体现课堂呢？又如何不会提升学生的语文核心素养呢？

案例15：

"探析悲剧人物，感悟悲悯情怀———《雷雨》《窦娥冤》《哈姆雷特》"单元教学第五课时。这是大单元教学的一个课例。前四个课时的核心任务分别是：戏剧知识与文本特征；戏剧情节与人物关系；戏剧语言与人物个性；戏剧冲突与人物命运。第五课时的核心任务是比较分析三位主人公的悲剧命运，探究悲剧作品在表达悲悯情怀上的特性与共性。任务一：悲之形——探析悲剧人物。即展示前置对主人公形象认知的学习成果。任务二：思之因——探究悲剧根源。任务三：悲之义——探究悲剧价值。任务四：悲之评——表达悲悯情怀。让学生挑选本单元主人公外的悲剧人物一个，写一段不少于150字的人物评论，表达其对该人物悲剧意蕴的理解。

观看视频，明显看到学生的发言次数很多，师生之间的交流很自然。一起重点看最后一环节，学生写完以后的交流展示。这样的课堂，谁敢说不会提高学生的语文核心素养呢？

（2）情境化设计自然。

新课标强调情境化设计。我们一起来观看学习一节市级精品课微课。（插入微课视频）

案例16：

以《爱莲说》微课教学为例。尽管是节微课，但是我们可以从教学内容的设计安排上，看到教师的情境化设计十分巧妙自然，以创设一个情境即"春风有信，花开有期。近日，某植物园宣布将举办花卉文化节，现公开选拔花卉节入园花卉，拔得头筹的花卉，组委会将为其单独设展"为始。

活动一：君子之文

通知一经发布，引发了强烈反响，牡丹、芍药等花得到了诸多推荐。周敦颐携《爱莲说》前往选拔现场为莲花助力。刚穿越至现代的周敦颐，与选拔赛评委交流存在困难。请你帮助他将《爱莲说》翻译成现代汉语。

活动二：君子之行

选拔以来，莲花的推荐较少。面对周敦颐《爱莲说》一文，评委们一时难解其中味。请你帮助周敦颐归纳推荐原因，归纳莲花表层与深层两方面的与众不同之处。

> **活动三：君子之意**
>
> 既然文章是为了推荐莲花，为什么还有那么多篇幅写到"菊"和"牡丹"呢？评委们对此略有疑惑，请你帮助周敦颐答疑。

（3）教学内容有落点。

课堂教学要能让学生在每一个具体的教学活动中实际学到一些知识。

案例17：

余映潮老师教学《答谢中书书》时，他对教材进行了描述、点评（第一步，用自己的语言对原句进行再描述，再加工；第二步，抓住自己喜欢的字或词语进行术语点评）。比如，他对"高峰入云，清流见底"的示范是"第一步——在这里，巍峨的山峰耸入云端，宁静的溪流清澈见底，仰视云山一体，俯瞰河水青碧；第二步——'高峰'雄奇峻峭，'入云'写高入云际，天际，'清流见底'写出水流的轻缓和清明澄澈，于是峰高水低，相映成趣。"

不难看出，这样的教学设计是一箭双雕：既考查学生对句意的掌握程度，又可以提高学生的欣赏水平，远比一字一句进行刻板翻译要高明许多。

（4）教学环节简单。

一堂课不追求太多的内容，而是以学生的学习为关注点。太多的教学内容从心理学的角度上看，学生是很难消化、吸收的。

案例18：

以九年级上册第六单元群诗阅读课（《咸阳城东楼》《无题》《丑奴儿·书博山道中壁》）为例，本节课以"愁"为线索，进行整合、比较、欣赏，同样在课堂主体"品读"环节教学生读诗方法，一起看我初稿与定稿的比较——

初稿

【学习任务一】分享与交流：诗人各自因何而愁？结合课文注解和导学案资料，从原诗词中寻找关键语句来印证想法。

表17

诗词	因何而愁（简要概括）	证据（简要说明）
《咸阳城东楼》		
《无题》		
《丑奴儿·书博山道中壁》		

【学习任务二】分组讨论品愁绪。打开导学案，分组学习与讨论——锁定一首，围绕讨论方向进行品析。

讨论方向1：从景与情关系（"一切景语皆情语"）上，你觉得哪两首都有侧重描写景？填写表格。

表18

诗词	出现的景（用四字短语归纳）	营造的气氛（用词语归纳）
《咸阳城东楼》		
《无题》		

讨论方向2：从炼字上，你觉得传神的字（词语）有哪些？任选一个，请说说理由。

字词品读

诗句：＿＿＿＿＿＿＿＿＿＿＿＿＿＿＿＿＿＿＿＿＿＿

我选择"＿＿＿＿＿"字，理由：＿＿＿＿＿＿＿＿＿＿＿＿

＿＿＿＿＿＿＿＿＿＿＿＿＿＿＿＿＿＿＿＿＿＿＿＿＿＿

试课后发现兼顾三首，课堂时间根本不够用。最后的定稿如下：

表19

比较	内容所含季节	篇目	景（意象）	气氛（意境）	情感	你的发现
同	与秋相关	《＿＿＿＿＿》				

比较	内容所含季节	篇目	景（意象）	气氛（意境）	情感	你的发现
同	与秋相关	《＿＿＿＿》				
异	与＿＿相关	《＿＿＿＿》				

定稿选择了"意象意境"作为主要教学内容。在课堂实施中，学生分组结合导学案助读资料自主学习，教师补充相关拓展知识，辅助学生再读。定稿后，教学环节看似简单，但实际并不简单。

（5）考虑文本特性。

小说有小说的教法，诗歌有诗歌的教法，散文有散文的教法。在实际教学中，很多教师选择教学内容时会不自觉忽视不同体裁的课文的差异性。

像案例14把文言文当作现代文来教，又根据现代文的不同特性来选择，如案例17余老师的教学内容，反映了对写景散文的处理特点——采用多种教学方式引导学生关注字里行间的语言进行言语的具体品味，去感悟其间的情感内容，达到"悟意审美"的目的。切入文本的精华，能聚焦在关键词句等核心点上，也是我们实施有效教学的重要方法。

案例19：

在某初中语文教学技能选拔赛中的片段设计环节是泰戈尔散文诗《金色花》，听完10个选手的片段教学之后，有点茫然：明明是一首充满诗情与爱意的散文诗，为什么选手们几乎都把它当作小说来处理，重心都放在分析"我"为母亲做了几件事（情节）以及母子的形象了。

总之，只有教学内容正确了，才能使学生获得相应的体验，课堂才算是成功了。在此维度上，我们再来观察其他的维度就好了。

（二）教师素养

如何精选教学内容，上出语文味？这需要教师有一定的语文教学素养。能在解读文本上下足功夫，能有自己的教学主张和教学风格，在新课标背景下以课堂观察意识审视教学内容，等等，这些都属于优秀教师应具备的素养。

案例20：

以黄厚江老师执教的《乡愁》为例。我们知道黄厚江老师倡导的"本色语文"和"语文共生教学"具有广泛影响。在听课过程中，我关注的是黄老师课堂中如何以本色的、自然的面目示人。首先他的课堂不花里胡哨，没有小组合作探究、没多媒体辅助，就是一张嘴巴一根粉笔构建起"共生教学"，提问、追问，学生在教师设置的问题中不断前行；其次，在他的课堂中语文工具与人文性的结合水到渠成，不刻意雕琢，有两个细节令闻者汗颜，诗歌第三节"后来啊/乡愁是一方矮矮的坟墓/我在外头/母亲在里头"中"啊"的读音，我们普通话培训时都读过，但教学时常常忽略，学生朗读过后，黄老师指出"ai"与"a"连接起来要读"ya"，还有一处"我在这头/大陆在那头"中"这""那"的读音，你注意到了吗？后来我查了字典，果然字典中写着"在口语里，'这'后面跟量词或数词加量词时，常常说'zhèi'，'那'也一样，后面跟量词或数词加量词时，常常说'nèi'或'nè'"。

教师提高素养是有效教学的必要条件，从这个维度上确立的课堂观察点，我们可以从以下几个方面去观照。

1. 文本解读能力

孙绍振先生曾经说过："现在的中学语文教学为什么枯燥无味？主要是因为语文教师难以讲出学生不知道的东西。课堂要有吸引力，在知识与分析层面教师与学生应该有落差。对于文本，如果教师在讲解上不能出新，如果教师在课堂上的分析都是学生在一般资料上就可以看到的，学生就不会信服你，课也不会上得生动。"黄厚江老师也说过："任何好课都是以认真文本解读为基础的。任何差课都是对文本解读的不透彻。"一名教师如果只是停留在浅阅读上，迷信网络上的教学设计、PPT就迷信学术明星等，就有可能会误入歧途。

案例21：

有位专家对朱自清《背影》的解读很有意思。他说父亲背负着"交卸""奔丧""家境"三重打击，言语指向生命的脆弱与短暂。他读出的是生与死的轮回。全然不顾彼时父子之间关系紧张，父亲的执意送别很感人，真正动情的是父亲的那封信，我们应该看到的父子之间的矛盾、消散、融合，让孩子们明白爱有很多种表达，父子不和不等于父子不爱。

案例22：

前几年闹得沸沸扬扬某个教授五分钟视频解读《石壕吏》事件，引起知名教授丁启阵的痛批："不知在侮辱谁的智商？"《石壕吏》作为杜甫"三吏"之一，是安史之乱时期的作品，反映的是战乱导致的国破家亡、百姓流离失所的残酷现实，控诉的是安史叛军的残暴和唐王朝的腐败，传达的是杜甫感时伤世、悲天悯人的情怀，在该教授的解读中，骄阳跋扈的石壕吏变成了誓死保卫国家、为百姓服务的"公务员"与"父母官"（理由：战事紧急，无奈夜里捉人。若唐朝都灭亡，家又何在？），同时，可怜的老妪成了为唐王朝利益而牺牲个人利益的"社会好公民"。

案例23：

《老王》的解读，不能总是停留在关心弱势群体上。愧怍是惭愧，是没有关心吗？应该是一种情感上的不对等：老王把我当作亲人，我只是把他当作熟人（物质上帮助，但在精神上没有支持、关心。除了送香油和鸡蛋的给钱，文中还有多处："我常坐老王的三轮。""我女儿说他是夜盲症，给他吃了大瓶的鱼肝油，晚上就看得见了。""开始几个月他还能扶病到我家来，以后只好托他同院的老李来代他传话了。"），所以"我回家看着还没动用的那瓶香油和没吃完的鸡蛋，一再追忆老王和我对答的话，琢磨他是否知道我领受他的谢意"。

2. 感染力

教师的感染力有以下参考：

1. 是否有意识地始终面带微笑，用饱含激情的目光关注学生？
2. 是否关注学生的学习情绪，有意识地跟学生开玩笑活跃气氛？

3. 是否有意识地注意讲课时语调高低变化、语速快慢变化、使用重音，通过这些变化达到强调重点，提醒注意，吸引兴趣的目的？

4. 多用表情、眼神、手势和肢体语言辅助课堂教学？

5. 学生答错问题时，教师应微笑，态度和蔼，还应考虑如何弥补学生的挫折感，让其以后不惧怕回答问题。

教师的感染力对课堂教学而言是十分必要的，学生喜欢你了才会对你教的这门课产生兴趣。而要达到以上这些，需要的功夫不是一朝一夕养成的，一进入教室，教师就得抛弃不良情绪，深呼吸，微笑，等等。

对学生开玩笑也应是适当的，玩笑只是课堂的点缀，传授知识才是课堂的目的。

课堂提问是必须的，要发挥学生在学习中的主体地位，就必须认真对待学生的回答。我们都喜欢学生回答问题正确率高，回答对了，教学效果达到，我们心里乐滋滋的。如果回答错了呢？教师的反应会影响到学生的情绪及今后的发展。

3. 教学智慧

课堂总是充满变数，面对这些变数，教师对突发事件处理，是教师智慧的重要体现。

案例24：

肖培东执教《紫藤萝瀑布》时，第一个环节是请几名学生接读课文，接着肖老师准备从首尾两句话入手，让学生再读首尾两句，其中一学生将第一句话"我不由得停住了脚步"读成"我不由得加快了脚步"（最后一句），肖老师紧紧抓住这个意外，将此作为新的导入，顺势问学生："能不能将开头这句与结尾的对调？"学生各抒己见，思维也打开了，发现其实可以对调，原文的"停住脚步"是看到茂盛的紫藤萝花情景被震撼到了，用"加快脚步"也是可以，看到繁盛的紫藤萝花，被吸引了，然后加快脚步想快点看到。肖老师总结说："其实，在生活场景中，加快了脚步，停住了脚步，都有被紫藤萝花吸引住的意味，都源于花开如瀑的紫藤萝花。"自然地过渡到品读紫藤萝花繁盛的句子上。

案例25：

王维的《竹里馆》（"独坐幽篁里，弹琴复长啸。深林人不知，明月来相照。"）中，对于明月这一古诗词中常见的意象，上课时一学生提出："为什么不用'兰花来相伴'？明月是高洁的，兰花不也高洁，为什么诗人单选了明月？"经过一番讨论，得出如下理由：深林之静，之黑，从视觉美感上，也就是色调搭配上，需要有一轮明月，需要清辉遍洒，黑魆魆的深林之上，暖色调的明月，那个又是弹琴又是长啸的诗人，彼时，沐浴在这样的光芒之下，情境之美，是兰花这个意象比不上的。

案例26：

以《安塞腰鼓》的教学为例。

教师问学生"'好一个安塞腰鼓'，好在哪里？"一个学生说："乱蛙一样是蹦跳的脚步！"教师引导学生品析"乱"字，学生有答出"激情的乱"时，教师趁热打铁："乱是想表现豪放，有没有学过白居易'乱花渐欲迷人眼'，当等到五颜六色的鲜花遍地开放，在湖光山色的映衬下，这时候花是怎样？这个视线不知要投向哪里了！"有学生答出"眼花缭乱""应接不暇"，此时品析这两个"乱"的异曲同工的效果就达到了。

反观我们的一些课堂，当面对学生的回答与我们答案有差别时，要么粗暴地略过，要么只是简单地评价"很好""非常好"，要么就是迫不及待地公示答案。如何处理学生的回答实在是一门学问，一门艺术。

4. 问题设置的有效性

杜威说："不断改进教学方法唯一的直接的途径，就是把学生置于必须思考、促进思考和考验思考的情境之中。"提问在语文课堂上是必须的。问题设置上我们一直强调要有梯度性，即从简单到复杂，呈螺旋式上升。

回到案例13《哦，香雪》的问题设置。环节一"台儿沟和乡村生活"的问题1为问题2服务，只有还原，只有与读者的经验对照，才能在环节二"景物与情感"中，走入香雪的内心世界，问题4又是我们解读文本时要具备的作者意识，问题5除勾连文本之外，也关乎小说作者要表达的情感。环节三"物象与情感"，对铅笔盒的理解，以及两个观点的讨论，更是对小说主旨的探讨。三个环节的问题层层铺垫，层层递进。

案例27：

听过一位老师上的《杨修之死》一课，在整体感知上设置了三个问题（从文中找出是本文叙述线索的句子，杨修"身死"的直接原因是什么？文中从哪几件事来表现杨修的"才旷"及在这些事件中曹操的心理反应？）应该说这几个问题设置还是可行的，只是在接下来的问题环节上有些重复、乱套了：教师让学生思考"如何理解身死因才误"，又回到第二个问题有重复之嫌不说，教师又让学生分析曹操和杨修的性格，又是重复第三个问题了。

所以，在进行课堂观察（听课）时，就要思考观察：为何提问（目的）→问了什么（内容）→问了谁（对象）→什么时候问（时机）→怎么问（方式）→什么情况下问（背景）。特别是时机和方式很重要。

案例28：

一起来学习郑桂华老师教学的《安塞腰鼓》——她的问题抛出是在学生看录像、自由朗读之后初谈阅读感觉，在学生说不出感觉即没有把关注点从事件转移到文本之时，郑老师以启发口气抛出一个问题："有没有发现有些句子传递的感觉更强烈一些？能不能圈一圈？"在学生发言把课文的语句基本厘清基础上，郑老师又延伸一个问题："能不能把我们的思考推进一步，想一想为什么是这些句子，他们在句式上有哪些特征？"教师不断调节学生发言的流向，不断扩展交流的角度，在问题牵引下，学生反复自由朗读。

研读郑老师的课例，可以发现她的问题设置的选择时机和选择方式往往呈螺旋式上升，能体现课堂教学的逻辑性和层次性。一个或者一组好的问题能有效地激发学生的思考，达到教学目的。

5. 教学方法的有效性

语文教学方法林林总总，它们在我们的实际教学中并不是散乱杂呈的。我们在课堂观察时要注意教学方法是否有效、有没有为教学内容服务。

听写法。一些教师对生字词的处理采用的教学方法有问题——用幻灯片演示，学生回答（眼动手不动来处理生字词的教学是错误的）或者几个学生上台，其他学生下面写（难免有学生会抄别人的答案）。既然教学内容的一个落点是扫除生词障碍，就可以先让学生下面听写，然后让学生互相批改，最后针对易错词叫学生上台板书。

讨论法。记得刚开始课改的时候，讨论成为一种教学时尚，但是认真观察后发现，很多讨论流于形式，甚至有些讨论是多余的，并没有为教学内容服务。若有讨论，我们观课时就要去观察学生是否都参与了讨论，以及其讨论是否有价值。

板书法。在多媒体课件日渐取代传统板书的今天，我们的语文课堂也逐渐离开了板书，这实在是很糟糕的事。什么时候板书，应让板书起什么作用，等等，这些都值得思索，值得观察。

朗读法。激情朗读和反复吟诵可以唤起学生的情感体验。我们的课堂朗读教学，其口令离不开如下"台词"："大声读起来""读准字音""读顺句子""读得流畅""读好节奏""读出重音""读出感情""用你最喜欢的方法去读"等。而什么时候朗读，采用什么形式读，一节课采用多少次数，等等，这些都是我们观课点。特别欣赏余映潮老师对朗读法的灵活运用。

案例29：

《口技》的教学内容很简单——学习正面描写和侧面描写相结合的方法。余老师让学生先思考前两段应怎么划分层次后，请学生根据划分的层次齐读，停顿，同声起，同声落或者异声落，让学生谈自己这么读的理由，自然而然把正面描写与侧面描写的区分解决了。

案例30：

余老师教学《假如生活欺骗了你》的学生朗读视频。

在这个视频中，我们看到余老师在带领学生完成"诗歌吟诵"这一任务，他巧妙地将生硬的朗读分别转化成抒情方式朗读、劝说方式朗读，以及内心独白方式朗读，可以说方式很新颖，在三遍、四遍的朗读中，教师巧妙解析这首诗在不同场景下的功效，可谓妙哉！

谨慎范读。有些教师喜欢范读。

案例31：

以一名师执教的《秋天的怀念》片段为例。

视频背景：整节课我听了下来，教学目标很简单，就是带领学生学习细节描写。这是课堂初始，在学生齐读史铁生的介绍之后，教师发出指令"老师给同学们范读一遍，同学们看课文默读"，随即进行了6分20秒的范读。

反思：这是一节阅读课，阅读是语文教学的重中之重，教材编者在阅读能力培养板块，对七年级上册的阅读方法是朗读和默读，孙老师的范读有剥夺学生朗读和默读机会的嫌疑。何况孙老师的朗读好吗？背景音乐有没有喧宾夺主之嫌？

案例32：

以《老王》的一个教学片段为例。教师举了个例子，让学生读这句话"有个哥哥，死了"，先让学生齐读，之后教师问："有个哥哥，声音是上扬的还是往下的？"学生犹豫回答说是往下，教师说向别人说自己有个哥哥，学生恍然大悟是表示高兴，声音上扬，接着下一句"死了"，声音低沉，同理"有两个侄儿，没出息"也一样是过山车似的读，感情上上下下，起起落落，老王内心的孤，内心的痛，都隐藏在文字深处。

（三）学生学习

1. 学习方法

杨绛先生写过一句话："当你身居高位，看到的都是浮华春梦；当你身处卑微，才有机缘看到世态真相。"这句话也适合我们的教育教学，可以说，课上的好的教师都是能够站在学生的角度思考的。起先我们分享过崔允漷教授提出的"好课"观点，即让学生的学习增值。"真正的好课，不是老师出彩，而是学生出彩。"失去对学生学习的观察和理解，有效教学只能一厢情愿。

确实如是，一节课是否成功，其核心的理念是该节课是否促进了每一个学生的发展。学生是课堂学习活动的主体，学生的有效学习是课堂成功的决定性因素。

陈大伟说："我们的教学行为不能只顾我们的设想，不顾学生的感受，我们应该从学生的感受出发考虑我们的行为，从帮助学生学习的角度思考我们该怎样教。"

"教学的每个设计、每个环节、每个步骤、每个活动，都要追问它的有效性、能让学生得到什么。"我们平常的教学路线一般是：教学假设—教学设计—教的行为—学的行为—学的效果。

在树立学生意识，以学论教之后，可以采用反向路线，主要从学的效果和学的行为分析和理解入手，讨论什么样的教的行为才是有效的，并通过对话和反思理解原有的设计和背后的观念，根据效果和他人的经验改造原有经验。教师完成经验改造之后，重新设计，以新的教学行为追求和实现新的教学效果。

平常的教学路线

教学假设——教学设计——教的行为——学的行为——学的效果

以学论教

学的效果——学的行为——教的行为——教学设计——教学假设

改进和超越

新假设——新设计——新的教——新的学——新的效果

回到案例1，《种树郭橐驼传》属于文言文，要实现"文字""文章""文学""文化"的统一不是件容易的事儿。教学内容似乎没出现问题，类比说理是本课的重点，但是把过多的时间花在对注释内容的重申上。课上学生昏昏欲睡，少有互动。课后曾经和执教老师探讨：高中的文言文教学需要逐字逐句来解决吗？除了齐答，学生的活动应该几乎为零吗？教师的回答是高中生的预习能力下降较明显，课下没有时间，只能课堂进行字句的学习。我们站在学生"学的效果"和"学的行为"上观察，如何改变这种低效教学状态呢？其实教师稍加用心，注释完全可以通过课前预习或者课上拿

出十分钟左右的时间让学生自学，甚至课上检测。

案例33：

七下第一单元是写人单元，现代文是《邓稼先》《说和做——记闻一多先生言行片段》《回忆鲁迅先生（节选）》，如果是单篇来教，也是有一定的学习效果。我执教时就想能否站在群文阅读高度，整合三篇来教？可以课前提前一周让学生对三篇文本进行预习，每节课都围绕一个主题，分别是"谋篇布局（结构特色）""剪裁与中心""语言特色"，将阅读与写作结合一起，大处理顺，小处精雕，对教材进行二次开发，从横向与纵向来看，收到了较好成效。

学生的收获笔记：

收获1： 一开始并未细读，只是浏览了文章，大致心中有数，了解文本大意。在老师的"穿针引线"下，我们关注的关键语句及段落被一层层剥开，像剥洋葱一般。一开始你也许还不熟练如何"剥"，渐渐地，洋葱皮掉了下来，真相浮出了水面。揣测着不同作者的内心，一次又一次地换位思考，通过作家们笔下的细微描写，推断出作者要表达的情感以及文本所写对象之特点。在此过程中，还有了意外收获——这几篇文章所用的写作方法竟然差不了多少。我突然明白了群文阅读的意义。

收获2： 通过不同文章写作方法的对比，我们可以选择最适合自己的文章写法，同学之间也可以互相讨论，说出自己喜欢某种写法的原因；然后，就是对文章内容的赏析，老师让我们发表看法，她会顺着我们的意思展开讲评，让我们拥有更多的思考机会，从而让课堂充满了无穷的乐趣与期盼。

收获3： 群文阅读让我对文章的嗅觉与敏感度大幅增加。比如在寻找文章共同点时，只有对文本进行通读、细读，才能在一处小小的细节联想到文章之间的相似处，甚至还可以从时代背景、题目等，去了解文章的相同点。

以课堂观察意识聚焦学生学习，可以从学生上课前状态，上课时状态，作业完成状态三个方面入手。

（1）从上课前状态入手，翻一翻学生的课本或者练习册，看看有没有预习痕迹，特别是有没有照抄参考书的痕迹。

（2）上课时的参与度高不高，学习方式是否多样化（讨论、分析、阅读、整理、回答、书写），学生对知识的理解和运用是否实现，观察学生回答问题的表情以及其他学生的倾听程度，等等。

举个观察书写的例子——课堂书写体现在阅读教学上可以是课堂笔记。听过一些课，发现在这方面，很多教师没有落实跟踪，知识点如果没有通过记录去实现，遗忘率是很高的，观察学生是自觉记录还是在教师提醒了之后才写。

案例34：

谁说高中语文课堂就是沉闷？同样是学生活动，看选修课文《将进酒》课堂片段。该教师在对文本的情感变化进行梳理之后，进入吟咏诗歌环节（用时10分钟左右），要求学生按照以下步骤进行。

选择一种方式吟咏诗歌：

① 个人展示读。读喜欢的句子，读出感情。

② 组内衔接读，感受情感变化。

③ 自由组合展示读，再现诗歌感情。

这长达十分钟的吟咏环节，从个人做好准备，到展示环节，从个人展示到组内衔接，再到最后的自由组合展示，从读懂，到读好，很有层次感，课堂活动是以学生为主的，该教师非常尊重学生，给予学生充分的课堂时间，学生表现很精彩。正如余文森教授所言："真正的好课，不是老师出彩，而是学生出彩。"

鲍道宏教授在一次讲座中对学生课堂参与度这一观察视角的观察要素总结如下。

表20

观察维度	观察点	人（次）与时间点（段）	内容	分析与结论
学生参与广度	独立思考和回答问题			
	小组讨论			

续 表

观察维度	观察点	人（次）与时间点（段）	内容	分析与结论
学生参与广度	回答问题和示范			
学生参与深度	有创意问题数			
	有深度问题数			
	主动提问			
	深度讨论			
	深度问题解决方法			
	深度问题解决结果			

当然，这种观察需要多人合作。我们以课堂观察意识省察自己的课堂、别人的课堂，杜威说"一个有效的反应就是能完成一个可以看到的结果的反应"，也就是说教师的行为要引起教师期望的学生的跟进反应，如果学生无动于衷，无法生成，那么教师的行为可能就是无效的。教师就要反思：问题设置有无必要？问题设置有无站在学生的角度？

2. 学习误区

误区1：热闹就是有效？

现象：课改以来，有些教师还停留在课堂安排学生装模作样的小组讨论或前后桌讨论上，忽视问题设置有无必要讨论，忽视学生有无真正讨论。

案例35：

以《马说》的一堂教学课为例。"如果你是一匹被埋没的千里马，你将怎样改变自己的命运呢？"教师出示课件，提示的文字如下。

陶渊明　　怀才不遇写文章

韩　愈　　另寻明主创大业

苏　秦　　归隐田园乐悠悠

韩　信　　悬梁刺股求学问

问题设置的初衷没错，但是几乎不需要学生自己动脑，所以应删除提

示，直接让学生结合自身的实际说说自己的想法，这样可以给学生更大的思维空间。

热闹不等于有效，在高中语文课堂上，我们可以感受到更多的孩子选择安静地思考。

误区2：会回答就是有效？

除了学生会回答，还需要考量问题设置的难易度。

此外还有一现象，很多教师喜欢让学生齐答问题。在理科课堂上，齐答可能是检验知识掌握程度的镜子之一，但是在语文课堂上，很难说。

就像一教师执教郭沫若《天上的街市》时，利用幻灯片投出一张天上的街市画面，问学生："这是哪儿的街市？"学生异口同声："这是天上的街市。"

然而，很多孩子的回答颇有滥竽充数之嫌，等到自己动手写就会露出马脚，比如字词教学，会读不一定会写正确，可惜很多教师被课件"绑架"，课上对字词的处理就是读过一遍了事。

误区3：不会回答就是无效？

案例36：

以一公开课《谈生命》的课堂片段为例。

执教老师说："我在初次阅读这篇课文时，很不喜欢读，大家知道为什么？"结果出现了冷场，教师就近找了一个学生，回答说："我猜老师可能是觉得文章的语言不太好懂。"教师无奈地说出自己的想法：文章没有分段。

分析：教师的问题是有问题的，学生又不是其肚子里的蛔虫，怎么能想到她不喜欢这篇课文的原因。何况，对文本的理解与欣赏与阅读者的阅读经验和个人喜好有关，就《谈生命》全文就一大段而言，并不代表所有读者都不喜欢。

案例37：

针对《咏雪》，有教师问："谢家聚会吟诗，为什么不选择一个良辰佳日，却选择一个寒雪日？"此问不但与文本的学习无关，而且将教学引向岔路，浪费课堂宝贵时间。正因为"寒雪日"，"俄而雪骤"，才有"咏雪"一事，应该说是纯属偶然。

观察学生的发言状况，教师反思自己问题设置的合理性（包括问题有无指向言语学习，有无源于学情）以及时机出现的合理性，这样也为有效教学提供了可能。

（四）学生作业完成

1. 作业完成状态

很多同人感叹中学语文作业是在满天飞的数理化作业中苟延残喘，特别是高中，觉得学生肯做语文作业就是对自己的莫大赏赐。

初中教师对学生作业的跟踪检查，总体上比高中教师要好。都以为高中生独立自主的能力强，其实，多一份所谓的"信任"，就有可能与低效或者无效的课堂教学更近一步。

案例38：

观察学生的书面作业完成情况。比如初中强调对文后"读一读写一写"的字词抄写，这是常规作业，养成习惯之后，不愁学生错别字多，小语段扣分了。

案例39：

通过布置作文，可以看出学生存在的问题。如果要教学生产品推销词写作，空谈理论肯定收效甚微。可以事先布置义卖活动，要求学生必须提前写好推销词。然而根据现场状况来看，多数学生的推销词出现一些问题：①煽动语太多，华而不实。②没有准确抓住产品特点。③用语不规范、不准确。接着出示以下一则要求学生参考对照，进行二次修改。

示例：同学们，今天我义卖的这盏多功能台灯外形美观，设计精巧，它配有小猫形状的笔筒闹钟，不仅能为学习提供照明，又兼有收纳学习用品的功能，使用便捷，物美价廉，值得大家购买。

观察学生口头回答情况也能窥见课前作业完成的效果。这里不再展开论述。

2. 作业完成原则

作业完成要基于以下原则:

(1)基于新课标背景,基于教师精心设计。

义务教育新课标中在"作业评价建议"中有这样表述"教师要以促进学生核心素养发展为出发点和落脚点,精心设计作业,做到用词准确、表述规范、要求明确、难度适宜"。这就需要教师认清作业的价值、功能、要求等。

比如,教师要关注作业的"瞻前顾后"特点。使作业紧扣教学内容,前有预习,后有巩固。语文作业永远要与教学保持一致。课堂教学与练习是一体的,所有练习都紧紧围绕课文而设计,它对课堂教学起一种指导作用。上课时将一些问题自然而然地解决,课上完了,学生大部分练习也就解决了,把少量的真正能够锻炼学生综合语文能力的练习留给学生自主完成。

案例40:

以福建一名师对人教版高中必修3第三单元中《寡人之于国也》的教学设计为例。其目标定位为:

> ① 品读《寡人之于国也》,学习其结构布局,借鉴其骨架建立的方法。
> ② 取法《寡人之于国也》,创作《谏施仁政行王道疏》,示范进行议论文骨架的建立的方法。

在议论文教学的初级阶段,要实现议论文基本规范的写作,要求学生"先求写对,再求写好",课上教师具体落实了这两个目标,得出议论文的骨架:是什么—为什么—怎么样,即提出问题—分析问题—解决问题。作业布置如下。

第三季《中国诗词大会》落下帷幕，"外卖小哥"雷海为过关斩将，击败北大硕士，获得总冠军。一夜之间，该外卖小哥火了。对手彭敏高度评价雷海为："海为就是《天龙八部》里那种扫地僧，他根本就不管江湖中的事，他一旦出手，就会震惊整个江湖。"主持人董卿也不由赞叹："更难能可贵是，在如此辛劳奔波也并不富裕的日子里，还能够有这样一颗爱诗的心。"掌声背后，网络上也出现了许多不同的声音："一个送外卖的，再厉害有什么用！"

读了上述材料，你对"外卖小哥"雷海为所带来的热议及非议有怎样的感触与思考，请结合你的生活体验写一篇议论文。要求选好角度，明确文体，自拟标题。不要套作，不得抄袭，不少于800字。

（2）谨防以下误区，避免出现无意义或者意义不大的作业设计。

误区1： 与实际教学内容无关或者关系不大。

案例41：

在七下《说和做——记闻一多先生言行片段》的同课异构中，一教师课上围绕文章的结构梳理和人物形象把握来设计课后作业。

第一个作业的连词成段设计得很好，是莆田语文教学前辈许更生老师极力提倡的，是检验学生对字词掌握程度的试金石。如果孤立去看，说明执教教师有清醒的字词教学认识。但是如果知道执教教师在课堂初始只是用课件出示重点字词，让学生齐读一遍就了事的话，那么这样的作业设计就是无效的。为什么不当作预习作业，课堂展示，发现问题呢？

第二个作业是"你眼中的闻一多是怎样的一个人"。这个问题更是没有必要，因为对学生来说该问题在课上已经解决，没有必要重复。

另一位教师的课堂内容差不多，作业布置如下。

第一个作业是完成课后练习题。部编教材的课后习题分为"思考探究""积累拓展"。本课一共五大题，其中第一题课上已经解决，可以当作巩固。第四和第五题的"积累拓展"与作业二重复，不得不说开课教师的备课之粗糙。

误区2：不切合学生情况，没有实际操作意义。

误区3：与评价存在脱节。

初高中新课标都十分强调教学评的一致性。

"过程性评价应有助于教与学的及时改进。教师要有意识地利用评价过程和结果发现学生语文学习的特点和问题，提出有针对性的指导意见，促进学生反思学习过程、改进学习方法。""语文教师要有意识地利用评价过程和结果，发现学生学习的个性特点和具体问题，及时引导，提出有针对性的建议，激发学生学习的动力。""语文教师应提供细致的描述性反馈，提出具有操作性的建议，引导学生通过评价反馈，调整学习过程，梳理学习方法，确立学习目标，制定学习规划。"

在实际听课过程中，很少听到执教老师能对上一节课布置的作业进行反馈评价。不管是日常课还是比赛课，离开以学生发展为目的的课堂，都不能算是好课堂。

（五）课堂文化

课堂文化是指在课堂空间中师生教学活动所体现出来的思想意识、思维方法及学习方式等的总和。

教师对学生负有精神引领的责任，应通过有益的课堂文化引领学生认识人生，认识未来，认识社会。

课堂文化具有整体性，关注课堂整体效果，即关注课堂中各要素多重对话、互相交织、彼此渗透形成的场域。

通过如下举例的观察点，我们可以看到有关课堂文化其实是教学内容、教师素养，以及学生学习三个要素之间的相互渗透。

表21

视角	观察点举例
思考	·怎样以问题驱动教学，怎样指导学生独立思考，怎样对待学生思考中的错误？ ·学生思考的习惯（时间／回答／提问／作业／笔记／人数）怎样？ ·课堂／班级规则中有哪些条目体现或者支持学生的思考行为？
民主	·课堂话语（数量／时间／对象／措辞／插话）是怎样的？怎样处理不同意见？ ·学生课堂参与情况（人数／时间／结构／程度／感受）是怎样的？ ·师生行为（情境设置／叫答机会／座位安排）怎样？师生／学生之间的关系怎样？ ·课堂／班级规则中有哪些条目体现或者支持学生的民主行为？
创新	·教学设计、情境创设与资源利用怎样体现创新的？ ·课堂有哪些奇思妙想？学生如何表达和对待？教师如何激发和保护？ ·课堂环境布置（空间安排／座位安排／板报／功能区）怎样体现创新？ ·课堂／班级规则中有哪些条目体现或者支持学生的创新行为？
关爱	·学习目标怎样面向全体学生？怎样关注学生的不同需求？ ·怎样关注特殊（学习困难／残障／疾病）学生的学习需求？ ·课堂话语（数量／时间／对象／措辞／插话）、行为（叫答机会／座位安排） ·课堂／班级规则中有哪些条目体现或者支持学生的关爱行为？
特质	·在哪些方面（环节安排／教材处理／导入／教学策略／学习指导／对话）体现特色？ ·教师体现了哪些优势（语言／学识／技能／思维／敏感性／幽默／机智／情感／表演）？ ·师生／学生关系（对话／话语／行为／结构）体现了哪些特征（平等／和谐／民主）？

四、结语

引用三段话来结束分享，一起共勉。

"研讨教学问题的目的绝不是对授课情况的好坏进行评价，因为对上课好坏的议论只会彼此伤害"，只有一起"互相讨论这节课哪里有意思，哪里比较困难，学生有哪些表现，并通过相互交谈让学生学习时的具体样子重新浮现出来，这样的教学研讨才是每位教师所期待的。"

"研究教育需要用好三只眼：一是飞鸟之眼，二是蜻蜓之眼，三是蚂蚁之眼。飞鸟之眼关注的是宏观层面，能够高瞻远瞩，却往往浮光掠影；蜻蜓之眼关注的是中观层面，多个角度观察课堂，重心下移却可能蜻蜓点水；蚂蚁之眼关注的是微观层面，所见有限却精确细致。课堂观察只有三只眼一起使用，才能多角度多维度的观课，追求语文有效教学。"

"语文教师理应凭着自己对语言的独特的感受，带领学生走进语言精微隐秘的深处，指点学生发现并欣赏琳琅满目的语言世界，进而将自己的言语睿智传递给他们。唤醒他们沉睡的言语感觉，点燃他们的言语悟性和灵性，使他们逐渐获得言语领悟能力和创造能力。"

摘录几段我读过的文字：

真正好的教学不能降低到技术层面，它来自教师的自身认同和自身完整。

——帕克·帕尔默

教育在考查我们作为一位老师的智慧、使命与追求。看到深，看到心，不仅是在热爱，在发现，更是在省视，在丰富，在对自己庸常状态做超越，把自己和教育教学的世界紧紧联系。

——肖培东

好的教育不是授之，而是遇见。一位好教师就是不断让学生遇见好的方法，然后结合学生的学习风格和学习兴趣，协助他们形成自己独有的学习方法。

——褚清源

当我们教学迷惘时，去阅读；当我们产生职业倦怠时，去阅读；当我们想专业充电时，去阅读……在书中，我们圈画真知灼见，点亮自己教学荒原；在书中，我们拨开教学迷雾，心领神会，豁然开朗。至少，我的教学生活离不开阅读。

可以承认自己庸常，但是不能放弃追求，对教学的追求。课堂，是教师职业的生命道场；学生，永远是这生命道场的主角。真诚相待，教学相长，彼此无悔，我想就是相遇相伴的原则吧。

一线教师，为什么要做课题？为什么要写论文？为什么要参加各类技能比赛？很多时候，我也在问自己。其实，只有参与了，才会知道《小马过河》这则寓言故事阐述的哲理，才会知道课堂教学真的永远有遗憾，才会知道"语文课程是一门学习国家通用语言文字运用的综合性、实践性课程"这句话的博大精深，值得一代又一代语文人去践行。

本书收录了近几年来我对初中阅读教学的思考与实践，以阅读教学为线，串起的是我对阅读教学课题的理解，对阅读教学过程出现问题的思索，对学生阅读知识短板的讲解与梳理，对中学语文课堂现状的忧思与剖析，等等。尽管书中内容不够丰富，思想也尚浅薄，甚至有东施效颦之嫌，但都是过往的曾经。整理铢积寸累的经验教训，整理熠熠生辉的他山之玉，只为，更好地出发。

谨以此书，献给岁月，献给未被岁月磨损的欢欣。

黄丽珠

2024年4月